Kleine Bibliothek 381

Politik und Zeitgeschichte

Martina Koelschtzky

Die Stimme ihrer Herren

Ideologie und Strategie der »Neuen Rechten«
in der Bundesrepublik

Pahl-Rugenstein

Umschlag: Willi Hölzel
Satz: ICS Communikations-Service GmbH, Bergisch Gladbach
Druck: Fa. Plambeck & Co., Neuss

CIP-Kurztitelaufnahme der Deutschen Bibliothek
Koelschtzky, Martina:
Die Stimme ihrer Herren : Ideologie u.
Strategie d. »Neuen Rechten« in der Bundes-
republik / Martina Koelschtzky. – Köln :
Pahl-Rugenstein, 1986.
(Kleine Bibliothek ; 381)
ISBN 3-7609-1017-3
NE: GT

Inhalt

I. Einleitung

Nach der Aufbruchstimmung der späten sechziger und frühen siebziger Jahre, die sich bald in der Desillusionierung über die Grenzen sozialdemokratischer Reformpolitik verlor, geht in der Bundesrepublik seit Ende der siebziger Jahre ein »neuer Zeitgeist« um.

Da ist die Rede von der verlorenen »Identität« der Deutschen, von einer »Sinn- und Wertkrise« und vor allem von der deutschen »Nation«, von »nationaler Identität« der geteilten und besetzten Nation und von der »Entfremdung« der Deutschen von ihren kulturellen Wurzeln und Werten durch die seit 1945 bestehende »Fremdherrschaft«. Eine wahre Flut von nationalen Publikationen sorgt sich um die Wiederherstellung von »deutscher Selbstachtung« und »deutschem Selbstbewußtsein« und insbesondere um ein neues Geschichtsbewußtsein, um die »Befreiung« der deutschen Geschichte aus der »Interpretation der Sieger von 1945«. Der Bundeskanzler tritt beim Schlesiertreffen auf und sorgt für neuen Zündstoff in der wiederaufgelebten Diskussion, ob die deutsche Frage nun offen sei oder nicht, man garniert die Bundestagsreden mit Begriffen wie »Nation« und »Vaterland« und die Fernsehanstalten schicken die Bundesbürger mit dem Deutschlandlied zu Bett.

Dieser »Neue Zeitgeist« signalisiert grundlegende Veränderungen im innenpolitischen Klima der Bundesrepublik.

Bis Ende der sechziger Jahre war das politische Klima in der Bundesrepublik geprägt von Anpassung, Integration und Konsensus der lohnabhängigen Bevölkerung gegenüber der Regierungspolitik. Bis Anfang der sechziger Jahre war es den drei (bzw. vier, mit CSU) etablierten Parteien gelungen, die kleineren parlamentarisch wirksamen Parteien vor allem auf der Rechten zu integrieren.[1] Auch die Vertriebenenverbände als stärkste revanchistische Organisationen orientierten weitgehend auf die die CDU/CSU.[2] Das KPD-Verbot 1956 und der seit Mitte der fünfziger Jahre dominante sozialpartnerschaftliche Flügel des Deutschen Gewerkschaftsbundes (DGB) taten ein übriges, damit die großen Parlamentsparteien den Anspruch erheben konnten, als »Volksparteien« alle Klassen und Schichten der Gesellschaft zu repräsentieren.[3] Gegründet war diese Entwicklung auf das »Wirtschaftswunder«, d. h. die Verbesserung der Lebensbedingungen auch der Arbeiterklasse und die Orientierung auf ständig wachsenden privaten Konsum, was als Beweis für die Lebensfähigkeit und Überlegenheit der »freien Marktwirtschaft« jede Diskussion von grundsätzlichen Alternativen in den Bereich des Absurden verwies. Die Gesellschaft der BRD erschien als ein großer einheitlicher Block der »Mitte«, in dem links und rechts obsolet geworden waren.

Die ersten Anzeichen für den Bruch dieses »Basiskonsensus« waren Ende der sechziger Jahre zu erkennen, als die NPD bei Landtagswahlen kurzfristig spektakuläre Wahlerfolge verzeichnete und 1969 bei den Bundestagswahlen nur knapp an der Fünf-Prozent-Klausel scheiterte.[4] Auf der anderen Seite äußerte sich die Abwendung erheblicher Teile der Nachwuchseliten von dem etablierten Normen- und Verhaltenskodex im ersten und aufsehenerregenden Höhepunkt der Studentenbewegung 1968.[5] Diese Tendenzen konnten jedoch recht schnell wieder integriert werden, so daß Helmut Schmidt noch 1976 mit dem »Modell Deutschland« in den Wahlkampf zog und dieses Modell integrationistischer Politik als Vorbild für die europäischen Nachbarn empfahl.[6]

Die grundlegenden Umwälzungen der siebziger Jahre, die veränderten Kräfteverhältnisse in der Welt und innerhalb des kapitalistischen Lagers, die Folgen der Weltwirtschaftskrise 1974–76, langfristiger Probleme der strukturellen Umstellung der kapitalistischen Wirtschaft und das Scheitern der sozialdemokratischen Reformpolitik führten auch in der Bundesrepublik zur Erosion des homogenen Blocks der »Mitte« und zur Polarisierung der politischen Kräfte. Auch wenn die Probleme der BRD keine wesentlich anderen sind als die der anderen kapitalistischen Industriestaaten, kann die innenpolitische Konfliktaustragung wiederum als beispielhaft betrachtet werden.

Während sich z. B. in Frankreich oder Großbritannien die innenpolitische Polarisierung sozusagen zwischen den »klassischen« Kontrahenten abspielt, zwischen der traditionellen konservativen Rechten, in die unter den Bedingungen der Krise auch wieder zunehmend nationalistische Elemente hineinspielen*, und der ebenso traditionellen, auf Sozialkampf ausgerichteten Arbeiterbewegung auf der Linken, verlaufen die Trennungslinien in der BRD anders. Die traditionelle Rechte, diskreditiert durch Faschismus und den Zweiten Weltkrieg, und die

---

* Dieses in Europa durchgängige Phänomen wird besonders deutlich in den Wahlerfolgen der extremen Rechten in Frankreich, wo Le Pen's »Front National« mit 10,9% bei den Europawahlen 1984 nur unwesentlich weniger Stimmen erhielt als die kommunistische Partei.

traditionelle Linke, dezimiert unter dem Faschismus und geschwächt durch jahrzehntelang praktizierte Sozialpartnerschaft, bleiben eher im Hintergrund der innenpolitischen Auseinandersetzungen, in den Vordergrund treten ein »neuer Konservatismus« und die sogenannten »Alternativbewegungen« oder »Neuen Sozialen Bewegungen«, also Formen des nicht-proletarischen oder zumindest nicht im wesentlichen proletarischen Protests.

Die Ansatzpunkte dieser Bewegungen waren zunächst unmittelbar wahrgenommene Mißstände und Probleme, wie die ökologische Krise, Frauenunterdrückung oder die Gefährdung des Friedens. Da diese Phänomene die gesamte Gesellschaft betreffen, wurden sie anfangs als klassenübergreifende »Gattungsfragen« interpretiert. Daraus wurde abgeleitet, daß angesichts der Bedrohung des Lebens überhaupt der alte Gegensatz von rechts und links überholt sei. Jedoch haben sich diese Bewegungen in den letzten Jahren auch inhaltlich relativ schnell weiterentwickelt (ließ sich z. B. der Profitgesichtspunkt bei der Zerstörung der Umwelt nicht übersehen) zu einer spezifischen Form linken Politikverständnisses, das allerdings von eher bürgerlichen Denkansätzen geprägt ist wie Ökologismus, Feminismus oder Pazifismus. Diese Bewegungen sind zu einem deutlichen Ausdruck der Desintegration und der massenhaften Artikulation außerparlamentarischen Protests gegen die Politik der etablierten Parteien geworden. Dies wurde unübersehbar durch die Entwicklung einer alternativen Wahlbewegung, die, getragen von einem Teil der außerparlamentarischen Bewegungen, in die Parlamente eindringt und damit die jahrzehntelange unumschränkte Alleinherrschaft der kapitalorientierten offziellen Politik durchbrochen hat.

Die erfolgreichste dieser parteiähnlichen Gruppierungen, Wahlbündnisse, alternativen Listen, die oft aus regionalen oder lokalen Bewegungen hervorgingen und in die Kommunalparlamente einzogen (z. B. in Bremen [BGL], in Hamburg [GAL], Berlin [AL]), ist die Partei »Die Grünen«, die seit 1983 eine Bundestagsfraktion stellt. Diese Partei, die sich im wesentlichen aus der Ökologiebewegung heraus entwickelt hat, aber auch von Teilen der anderen Bewegungen

---

* Als sich 1979 anläßlich der Europawahlen die »Grüne Aktion Zukunft« (GAZ), die »Aktionsgemeinschaft Unabhängiger Deutscher« (AUD), die »Grüne Liste Umweltschutz« (GLU), und die »Grüne Liste Schleswig-Holstein« (GLSH) zu den »Sonstige Politische Vereinigungen – Die Grünen« zusammenschlossen, denen sich noch der (Fortsetzung auf Seite 10)

mitgetragen wird, hat ebenso wie die Bewegungen selbst eine schnelle Entwicklung durchgemacht, sowohl was ihren Einfluß angeht als auch in ihren politischen Positionen.* Auch wenn die weitere Entwicklung der »Grünen« besonders im Hinblick auf eine Regierungsbeteiligung in den einzelnen Bundesländern abzuwarten bleibt, kann es keinen Zweifel daran geben, daß die Erfolge der »Grünen« ein beträchtliches Unbehagen großer Teile der Bevölkerung mit der konservativen »Wende« in der Bundesrepublik und ihren Vorstufen zum Ausdruck bringen.

Die vielfältigen Krisenprozesse und Veränderungen in den siebziger Jahren haben jedoch nicht nur die linke Seite des politischen Spektrums in Bewegung gebracht. Vielmehr versucht auch die Rechte, ihrem Hegemonieverlust im Weltmaßstab und innerhalb der Bundesrepublik durch eine eigenen Offensive zu begegnen. Deutlichster Ausdruck dieser rechten Offensive war der Regierungswechsel in Bonn, allgemein als »Wende« bekannt, wodurch im September 1982 mittels eines Koalitionswechsels der FDP eine rechte Alternative zur sozialdemokratisch geführten Bundesregierung installiert wurde, die sich mit den Bundestagswahlen vom 6. März 1983 eine nachträgliche Legitimationsbasis verschaffte. Wesentliches Ziel dieser »Wende« zu einer Rechtskoalition aus CDU und FDP ist nicht nur die Veränderung der praktischen Politik, die bislang allerdings im wesentlichen den bereits von der sozialliberalen Regierung eingeschlagenen Kurs des Sozialabbaus und der Umverteilung des Nationaleinkommens, begleitet von zunehmenden Repressionsmaßnahmen und forcierter Aufrüstung, verstärkt fortsetzt, sondern auch eine »geistige Erneuerung«. Nicht nur die ökonomischen und sozialen, sondern auch die politischen und ideologischen Strukturen sollen den Erfordernissen der Krise angepaßt werden. Im Mittelpunkt der ideologischen Offen-

»Achberger Kreis« um Joseph Beuys anschloß, dominierten eindeutig rechte Motive wie »Lebensschutz« und »Volksgesundheit« das politische Profil dieser Gruppierungen. Auch als dieses sich Anfang 1980 auf dem Bundesparteitag in Karlsruhe zu der bundesweiten Partei »Die Grünen« konstituierten, gelang es den linksgerichteten »autonomen« und »alternativen« Strömungen nicht, auch nur das Stimmrecht für ihre Delegierten durchzusetzen. Dies änderte sich jedoch relativ schnell, indem die unterlegenen mehr linksgerichteten Teile des grünen Spektrums in einem etwa von 1980 bis 1982 dauernden Prozeß individuell in die Partei eintraten und ihr politisches Profil veränderten, so daß man ab Mitte 1982 eine demokratische Dominanz bei den »Grünen« feststellen kann. Vgl. auch: Mez/Wolter, Die Qual der Wahl, Berlin 1980, oder Jan Peters, Alternativen zum Atomstaat, Berlin 1979.

sive der Konservativen steht die Ersetzung des »Anspruchsdenkens« der Bevölkerung durch die Bereitschaft zum umfassenden Verzicht im Interesse der Rückkehr zur vermeintlichen »Normalität« eines krisenfesten Kapitalismus. Die Stimmung des »Wir haben über unsere Verhältnisse gelebt«, die in modifizierter Form ja auch in der Ökologiebewegung zum Ausdruck kommt, wird benutzt, um über vorübergehende »notwendige Opfer« zur Konsolidierung der Wirtschaft, wie Lohnverzicht, Verzicht auf soziale Leistungen usw., die Verzichtsideologie im Bewußtsein der Bevölkerung als notwendige Bedingung marktwirtschaftlicher Grundsätze zu verankern. Die »vorübergehende« Verzichtbereitschaft wird zur Grundlage weitergehender Verzichtsleistungen, die nicht konjunkturabhängig sind, sondern langfristig Bestand haben sollen als »Verbesserung der Rahmenbedingungen der Wirtschaft«. Es geht also nicht nur um die Beschaffung von Finanzmitteln für den »Aufschwung«, sondern auch um die langfristige Veränderung des gesellschaftlichen Kräfteverhältnisses zugunsten der Privatwirtschaft. Hierzu dient insbesondere die Mobilisierungsideologie des »Gemeinwohls«, dem das »Anspruchsdenken« und die »Aufblähung des Wohlfahrtsstaates« durch die verantwortungslose Haltung besonders der Gewerkschaften nachhaltig geschadet habe. Demgegenüber gelte es, die organisierte Vertretung von »Sonderinteressen« abzubauen und einen »starken Staat« als Wächter über das »Gemeinwohl« zu installieren, womit die Kritik an den ökonomischen Ursachen der Krise in eine Kritik an der bisherigen Politik des Staates umgemünzt wird. Demzufolge erscheint der »starke Staat« und mit ihm der Verzicht auch auf demokratische Grundrechte als weitere Bedingung wirtschaftlicher Prosperität.[7]

Jedoch zeigte sich, daß die Ersetzung sozialer Forderungen durch Werte wie das »Gemeinwohl« oder die marktwirtschaftliche »Freiheit« nicht nahtlos durchzusetzen ist, insbesondere da der versprochene »Aufschwung« nicht recht in Gang kommen will und auch die Massenarbeitslosigkeit durch die Begünstigung der privaten Investitionen keineswegs abnimmt. Der Kampf um die 35-Stunden-Woche und die zunehmenden Verschleißerscheinungen der konservativ-liberalen Bundesregierung zeigen, daß keineswegs feststeht, ob die Politik der »Wende« eine dauerhafte Perspektive hat. Auch die bisherige CDU/FDP-Politik kann das Problembündel Wirtschaftskrise, Massenarbeitslosigkeit, Aufrüstung und Umweltzerstörung nicht beherrschbar machen.

Damit deutet sich bereits an, daß aus der Sicht des Kapitals langfristig »stärkere« Lösungen ins Auge gefaßt werden müssen, was sowohl die Aufgabe stärkerer ideologischer Durchdringung breiterer Bevölkerungsschichten als auch den Abbau demokratischer Rechte und den Ausbau des Repressionsapparates einschließt. Dazu bieten sich nicht nur die »etablierten« Kräfte der Reaktion wie Franz Josef Strauß an, sondern zunehmend auch die erstarkenden Kräfte des Rechtsextremismus, deren ideologischer Einfluß der »Wende« Unterstützungsdienste leistet und das gesamte rechte Spektrum vom Konservatismus bis zum Revanchismus neu belebt.

Der Rechtsextremismus hat in der Bundesrepublik seit Ende der sechziger Jahre einen beträchtlichen Aufschwung genommen und damit das Klischeebild widerlegt, der Neofaschismus sei bloßes Relikt der Vergangenheit und umfasse lediglich eine kleine Gruppe von »Unbelehrbaren« und »Ewiggestrigen«. Die beruhigende Theorie vom »Faschismus in seiner Epoche« (Nolte) wird verdrängt von der sehr beunruhigenden Erkenntnis, daß es sich im Wiederaufleben des Neofaschismus nicht nur um Relikte aus dem »Dritten Reich« handelt, sondern daß »die freieste Gesellschaftsordnung, die es je auf deutschem Boden gab« den Faschismus aus sich selbst heraus reproduziert, inspiriert von den »Relikten« und ihnen auch wieder Auftrieb verschaffend.

Dem Begriff »Neofaschismus« kommt dabei zunächst keinerlei inhaltliche Abgrenzung von »Faschismus« zu, etwa in der Hoffnung, er unterscheide sich von dessen bekannten Umsetzungen durch weniger Brutalität oder mehr Pluralismus. Wer diese Hoffnung nährt, möge einen Blick auf Chile oder die Türkei werfen. »Neofaschismus« kann nicht mehr bedeuten als zeitliche Abgrenzung des Faschismus nach dem Zweiten Weltkrieg.[8]

Ohne den Eindruck erwecken zu wollen, der Neofaschismus habe nicht sofort nach dem Zusammenbruch des Dritten Reichs begonnen, sich auf den »Kampf um Europa« von morgen vorzubereiten und eine entsprechende Organisationsstruktur aufzubauen[9], kann man von einem erneuten Aufleben reger faschistischer Aktivität seit etwa Ende der sechziger Jahre sprechen. Der Hintergrund dieser Aktivierung und Dynamisierung des Neofaschismus liegt in der Diskrepanz, daß auf der einen Seite die Bundesrepublik zur zweitstärksten kapitalistischen Macht nach den USA geworden und somit nun zu offensiver Weltpolitik befähigt war, auf der anderen Seite aber die Phase der Entspannungspolitik begann, Studentenbewegung und Marx-Konjunkturwelle das Bild innerer Geschlossenheit zerstören, Europa von einer politischen Destabilisierungskrise (Revolution in Portugal, Sturz der spanischen Diktatur) und bald darauf von der Weltwirtschaftskrise erfaßt wurde.

In dieser Situation zeigten die spektakulären Wahlerfolge der NPD zwar, daß nach wie vor ein Potential für den Rechtsextremismus vorhanden war, aber das schnelle Wiederabflauen nach dem Scheitern der NPD 1969 an der 5-Prozent-Hürde zeigte ebenso deutlich, daß zumindest dieses spezielle Variante rechtsextremistischer Politik keine Perspektive für die Zukunft bieten konnte. Diese Erkenntnis war der Anstoß für eine Umgruppierung der Kräfte des Rechtsextremismus, die nicht nur eine Zusammenfassung in neuen Organisationen bedeutete, sondern auch eine neue aktivistische und terroristische Qualität sowie eine ideologische Offensive und die Aktualisierung der Ideologie. Diese neuen Kräfte, denen es weniger auf parlamentarische Reputation ankommt als vielmehr auf die Selbstdarstellung als »Rechte APO« und auf die Erringung der »kulturellen Hegemonie«, sammelten sich zunächst in der eigens zu diesem Zweck vom Parteivorstand der NPD gegründeten »Aktion Widerstand«.* Schon dieser Umstand und auch die Tatsache, daß die NPD schon frühzeitig »nationalrevolutionäres Neuerer-Gedankengut« in ihre Programmatik aufgenommen hat, machen deutlich, daß es sich eher um die gemeinsame Suche nach einer zukunftsträchtigeren Strategie und Ideologie des Rechtsextremismus handelt als um den »Aufstand gegen die Reaktionäre«, dessen Proklamation es allerdings erlaubte, sich als »rechter Arm« derselben Entwicklung darzustellen, die zur Ablösung der »Neuen Linken« von der Arbeiterbewegung und ihren Organisationen als den »linken Reaktionären« geführt habe.[10]

Von hier aus entwickelten sich im wesentlichen drei Stränge rechtsextremistischer Aktivitäten, die zwar keineswegs von grundsätzlichen Differenzen getrennt und auch vielfach organisatorisch und personell verflochten sind, jedoch von unterschiedlichen Ansätzen ausgehen und auf jeweils bestimmte Zielgruppen ausgerichtet sind. Daher sollen sie zunächst getrennt betrachtet werden:

– Seit 1970 hält die Welle von Gründungen terroristischer Gruppen an, wie »NS-Kampfgruppen« oder »Wehrsportgruppen«, zu deren Aktivitäten das Attentat auf dem Münchner Oktoberfest oder der Überfall auf ein Waffenlager in Niedersachsen im Februar 1978 gehören oder auch der Mord an einem jüdischen

* Die »Aktion Widerstand« zielte gegen Entspannung und Neue Ostpolitik der sozialliberalen Bundesregierung (Parole: Brand an die Wand) und organisierte u. a. eine von Gewalttätigkeiten begleitete Gegendemonstration anläßlich des Besuchs von W. Stoph in Kassel am 21. Mai 1970.

Ehepaar durch Mitglieder von Michael Kühnens »Aktionsfront Nationaler Sozialisten« (ANS).[11]

- Etwa Mitte 1976 erreichten mit der »Hitler-Welle« die Bestrebungen zur Rehabilitierung des NS-Regimes einen öffentlichen Höhepunkt. Diese Entwicklung wurde jedoch schon viel früher eingeleitet. So gründete bereits im Januar 1971 der Herausgeber der »Deutschen Nationalzeitung«, Dr. Gerhard Frey, die »Deutsche Volksunion« (DVU), die auf der Linie des »Kampfes gegen Kriegsschuld- und Vergasungslüge« zur Sammlungs- und Auffangbewegung alteingesessener Neonazis wurde und schon bald die NPD zu überflügelnn begann.[12] Diese und zahlreiche andere Gruppierungen* vollziehen den Übergang von der bisher üblichen Verharmlosung der Judenvernichtung im Dritten Reich zu ihrer nun völligen Leugnung und erneuter Propagierung des Rassismus.**
- Der dritte und aufgrund seiner perspektivisch aussichtsreichsten, da aktuellsten Strategie und Ideologie auch wichtigste Strang entstand ebenfalls aus der NPD heraus. 1972 zog der damalige bayrische NPD-Vorsitzende Dr. Siegfried Pöhlmann mit immerhin 10% der bayrischen Mitglieder aus der NPD aus und schloß sich mit den »Nationalrevolutionären Basisgruppen«, den »Solidaristen«, der ebenfalls solidaristischen »Unabhängigen Arbeiterpartei« (UAP) und den »Volkssozialisten«[13] zur »Aktion Neue Rechte« (ANR) zusammen. Die ANR spaltete sich schon 1974 wegen des Anschlusses an Freys Dachorganisation »Freiheitlicher Rat«, wodurch der Konflikt aufbrach zwischen deren Hitler- und NS-Staats-Rehabilitierung und dem neurechten Agitationsmuster der ideologischen Neuempfehlung des Rechtsextremismus via Strassers »Solidarismus« und Niekischs »Widerstand«-Begriff als Anti-Hitlerismus und somit nahezu »antifaschistischem Nationalismus«. Diese Spaltung tat zwar der weiteren Zusammenarbeit untereinander und mit anderen Gruppierungen wie der DBI, DVU oder der NPD keinen Abbruch, aber sie war Ausdruck einer Entwicklung

---

* Mit NS-Rehabilitierung befassen sich u. a.: Michael Kühnens »Aktionsfront Nationaler Sozialisten« (ANS), Erwin Schönborns »Kampfbund Deutscher Soldaten« (KDS), Manfred Roeders »Deutsche Bürgerinitiative« (DBI), Thies Christophersens »Bürger- und Bauerninitiative« (BBI). S. auch: Sattler/Höffken, Rechtsextremismus in der BRD, Opladen 1980.

** So gründete der ehemalige »SS-Sonderführer« Thies Christophersen zusammen mit der BBI 1971 auch den Kritik-Verlag, über den er 1973 seine Broschüre »Die Auschwitz-Lüge« in einer Auflage von mind. 100 000 Stück verbreitete. S. Meyer/Rabe, Unsere Stunde, die wird kommen, Bornheim-Merten 1982, S. 11.

im Rechtsextremismus, die von entscheidender Bedeutung für seine zukünftige Wirksamkeit ist. Dabei geht es nicht so sehr um die Abwendung von der »bürgerlich-reaktionären NPD-Führungsclique«, um die Selbstdarstellung als der »linke«, »antibürgerliche« Flügel des Nationalismus und die Garnierung mit so linksdriftig klingenden Parolen wie dem »Kampf gegen Technokratie und Umweltverschmutzung« oder »Antiimperialismus«[14] als vielmehr um die Abwendung vom »klassischen«, d. h. auf ein Volk oder einen Staat begrenzten Nationalismus. Das besondere, zukunftsweisende Element in der Ideologie der »neuen Rechten« ist die Zielorientierung »Europa«. Sie knüpft wieder an an der »Europa-Linie« der »konservativen Revolution« der Weimarer Republik bzw. an dem »Europäer« Nietzsche und dem sich auf ihn beziehenden Flügel der Jungkonservativen um Arthur Moeller van den Bruck (»Das Dritte Reich«) oder Oswald Spengler (»Der Untergang des Abendlandes«) sowie an die Brüder Strasser, auf die sich die »Neue Rechte« oft und gern beruft.

Die Zielorientierung auf ein »Großeuropa« trägt der veränderten Weltlage Rechnung, deren Kräfteverhältnisse, internationale Verflechtung und Abhängigkeiten die Großmachtträume einzelner europäischer Staaten unrealistisch werden lassen, was die Verfechter eines »Großdeutschland« oder der »Weltmacht Frankreich« tatsächlich zu »Ewiggestrigen« stempelt. Diese Auseinandersetzung zwischen Staatsnationalismus und »europäischem Nationalismus« ist nicht neu. In ihren Grundzügen machte sie schon den Kern der innerfaschistischen Auseinandersetzungen vor und während des Dritten Reiches aus.[15] Die Europa-Frage wurde gegen Ende des Dritten Reiches von den Machthabern selbst[16] und insbesondere nach 1945 in Auswertung des Zusammenbruchs des NS-Regimes von dessen Befürwortern thematisiert.[17] Die Frage »Großdeutschland« oder »Großeuropa« als letztendliche Zielsetzung trennt jedoch traditionelle »alte« Rechte und »Neue Rechte« im Sinne von Rückwärtsgewandtheit oder Zukunftsorientierung.

Zwar läßt sich mit »Großdeutschland«-Parolen und der Berufung auf das NS-Regime immer noch ein besimmtes Potential des Rechtsextremismus mobilisieren, greift das Ansprechen alter Ressentiments nach wie vor, aber es lassen sich damit nur kurzfristige Erfolge erzielen; nicht zuletzt wegen des damit gleichzeitig mobilisierten antifaschistischen Widerstands bietet dieses Konzept letztendlich keine Perspektive.

Auf dem Hintergrund dieser Auseinandersetzung zwischen der traditionell nationalistischen und der »europäischen« Rechten erscheinen auch die ständigen Spaltungen und Neugruppierungen innerhalb des Rechtsextremismus in einem anderen Licht. Sie sind nicht so sehr Ausdruck der Zerstrittenheit und demzufolge Bedeutungslosigkeit der extremen Rechten*, sondern einer spezifischen Arbeitsteilung und eines immer weiter um sich greifenden Klärungs- und Diskussionsprozesses innerhalb des gesamten rechten Spektrums und darüber hinaus** mit dem Ziel, das gesamte Potential unter der Europa-Orientierung zusammenzufassen und zu erweitern.

Diesem Ziel der Vereinheitlichung dient auch die nach dem französischen Vorbild der »Nouvelle école« 1981 ins Leben gerufene westdeutsche »Neue Schule« mit dem historisch beziehungsreichen Namen »Thule-Seminar e. V.«.*** Ließ das »Thule-Seminar« schon in seiner ersten Veröffentlichung »Das unvergängliche Erbe« (hrsg. von Pierre Krebs, Tübingen 1981) keinen Zweifel an seiner von völkischem Identitätsbewußtsein, Rassismus-Regeneration und Ungleichheitsdoktrin geprägten Weltanschauung, so wird seither von hier aus das nun im Zusammenhang einzusehende System der »neuen« Weltanschauung als Diskussions- und Argumentationsgrundlage an die »alte« und »neue« Rechte geliefert.****

Eine ähnliche Entwicklung zeichnet sich in Frankreich ab, wo gleichzeitig mit aktivistischen Gruppen wie Alain Robert's »Ordre Nouveau«, der durch zahlreiche gewalttätige Aktionen von sich reden machte, 1969 die »Studiengesellschaft« GRECE (Groupment de recherche et d'études pour la civilisation européenne) der »nouvelle droite« gegründet wurde. Ihr Ziel ist es, eine ideologisch einheitliche intellektuelle Elite zu schaffen und die Zusammenführung der Rechten unter dem Europa-Konzept voranzutreiben. Der Wortführer der GRECE und Herausgeber ihres ideologischen Führungsorgans »Nouvelle école«, Alain de Benoist, der 1977 für sein programmatisches Buch

---

* Diese in den Verfassungsschutzberichten durchgängige These wird leider auch von einigen eher als fortschrittlich einzuschätzenden Autoren aufgestellt, so z. B. in A. Meyer/K. K. Rabe, a. a. O., S. 9.

** Unter anderem bis in linkskatholische Kreise des ehemaligen antifaschistischen Widerstandes, wie die Diskussion in den letzten Jahrgängen der »Frankfurter Hefte« zeigen.

*** Die vor dem Ersten Weltkrieg (1912) gegründete »Thule-Gesellschaft«, eine Geheimgesellschaft hauptsächlich von Aristokraten und Industriellen, initiierte die DAP, später NSDAP, führte dort Hitler ein, kurz: organisierte die Grundlage der faschistischen Massenbasis.

**** Im Tübinger Grabert-Verlag erscheinen außer den »Arbeitskreis«-Veröffentlichungen die Reihen »Thule-forum« und »Thule-konkret«. Anzeigen für diese Veröffentlichungen finden sich gleichermaßen in Freys »Nationalzeitung« wie in der neurechten »Nation Europa« oder »criticón«.

»Vu de Droite« den Essayisten-Preis der Académie française erhielt, beruft sich in dieser und anderen Veröffentlichungen* auf A. Moeller van den Bruck, Oswald Spengler, Ottmar Spann, also auf die Europa-Linie der deutschen »konservativen Revolution« und plädiert für ein vereinigtes Europa mit Deutschland und Frankreich als Kernstück. Damit ist auch in Frankreich die Diskussion um die Europa-Orientierung organisatorisch abgesichert und es wird von größtem Interesse sein, ob Le Pen's »Front National« mit ihren immerhin fast 11% Wählern längerfristig ebenfalls auf diese Linie einschwenken wird.[18] Auf jeden Fall leistet Le Pen im Rahmen der oben erwähnten »Arbeitsteilung« innerhalb der Rechten eine kaum zu überschätzende Zuarbeit für die »Nouvelle Droîte«, indem er ein »rechtes Protestpotential« mobilisiert. Armin Mohler, einer der Wortführer des westdeutschen »Thule-Seminars«, stellt zufrieden fest: »Gerade weil sie keine ausgebildete Ideologie hat, konnte die »Nationale Front« so verschiedenartige Personengruppen mobilisieren, Abtrünnige der alten Rechten wie des Gaullismus, aber auch Leute, vor allem aus der Arbeiterschaft, die bisher noch nie einer Rechten angehört hatten. Le Pen wirkt wie eine Pflugschar, die neue Schichten für die Ideen einer Neuen Rechten empfänglich macht.«[19a]

Daß diese Tendenz eine durchgängige Erscheinung in Westeuropa ist, zeigt sich sowohl im Aufkommen von »Studiengesellschaften« auch in anderen westeuropäischen Staaten[19], als auch an der Gründung der »Eurodestra« im April 1978 nach den Europawahlen, die Kontakte nach Belgien, Großbritannien, Portugal unterhält und der neben dem italienischen MSI und der spanischen »Fuerza Nueva« auch der französische PFN angehört.[20] Auch hier hat sich die »nouvelle droite« bereits in die Diskussion eingeschaltet.

Entstehungs- und Organisationsgeschichte der »Neuen Rechten« sind von ihr selbst[21] und von anderer Seite[22] inzwischen ausführlich dargestellt worden, ebenso ihre personelle Verflechtung und Zusammenarbeit mit neofaschistischen Organisationen bis hin zur rechten Terrorszene.[23] Allerdings verfehlt man die spezifische Qualität der »Neuen Rechten«, wenn man sie lediglich von ihren organisatorischen und personellen Zusammenhängen her einordnet. Es sind gerade ihre ideologischen und strategischen Ansätze, die sich den Argumentationen eines auf den Nationalsozialismus Hitler'scher Prägung ausgerichteten Antifaschismus entziehen:

* In der Reihe »Thule-forum« erschien als Band 1 A. de Benoist, Die entscheidenden Jahre, Tübingen 1982. Außerdem schreibt er in »criticón« und gibt im GRECE-eigenen Verlag »edition copernic« u. a. die Buchreihe »copernic-factuell« heraus.

- Die »Neue Rechte« unterscheidet sich von der traditionellen, auf NS-Staats-Rehabilitation und Wiederherstellung des »Deutschen Reichs« orientierten Rechten durch die Abkehr vom Staatsnationalismus hin zu einer Großeuropa-Orientierung, die den realen Kräfteverhältnissen in der Welt Rechnung trägt. Die ideologischen Wurzeln dieser Strömung reichen zurück bis Nietzsche, sie entwikkelt sich jedoch in Auswertung der Ursachen für die Niederlage des »Dritten Reiches« und bei Berücksichtigung der heutigen Weltlage tendenziell zur dominanten, da aktuellsten ideologischen Strömung des Rechtsextremismus.
- Obwohl in der Ideologie der »Neuen Rechten« viele Elemente aus der »jungkonservativen« Ideologie der Weimarer Republik wiederaufleben, ist sie keineswegs »ewiggestrig« oder irrational. Seit Mitte der sechziger Jahre vollzieht sich ein fortschreitender Prozeß der Theorie- und Begriffsbildung, der unter der Zielsetzung »Von den Linken lernen« das traditionelle Theoriedefizit der Rechten aufheben soll. Daraus ist ein in sich geschlossenes Welterklärungsmodell entstanden, das, ausgehend von den aktuellen Widersprüchen und Krisenprozessen in den westlichen Industriestaaten, eine Möglichkeit der Erhaltung und Effektivierung der kapitalistischen Strukturen eröffnet.
- Das strategische Konzept der Errichtung der »kulturellen Hegemonie«, also der Durchdringung aller Lebensbereiche und Bevölkerungsschichten mit ihrer Ideologie, beinhaltet den bewußten Verzicht auf eigene Massenorganisationen. Indem die »Neue Rechte« sich für die Verbreitung ihrer Ideologie auf »geeignete Multiplikatoren« stützt, d. h. auf etablierte Politiker, Professoren, Publizisten usw., entzieht sie sich Forderungen wie dem Verbot aller nazistischen und neofaschistischen Organisationen. Die Auseinandersetzung mit ihr muß vor allem auf der ideologischen Ebene geführt werden.
- Im gesamten Spektrum des Rechtsextremismus und darüber hinaus vollzieht sich zur Zeit ein Verständigungs- und Umgruppierungsprozeß in Richtung auf eine Vereinheitlichung auf der Grundlage des neurechten Konzepts. Diese Vereinheitlichung zielt nicht auf die Aufhebung der organisatorischen Zersplitterung der extremen Rechten, die sich im Sinne einer Differenzierung im Rahmen der internen Arbeitsteilung als nützlich erweist, sondern auf eine inhaltliche Übereinstimmung und einheitliche Ausrichtung auf die »gemeinsame Sache«.

Die Verankerung neurechter Ideologiemuster ist inzwischen weit über das Spektrum des Rechtsextremismus hinaus fortgeschritten, und zwar nicht nur im Übergangsfeld zum Konservatismus, sondern auch in Regierungskreisen, Teilen der Kirchen und bis in linke Kreise. Diese Attraktivität der neurechten Ideologie erklärt sich daraus, daß sie Lösungswege für die unübersehbar gewordenen Krisenprozesse und Widersprüche des kapitalistischen Systems bietet, die keine Veränderungen in den ökonomischen Grundstrukturen erfordern, sondern lediglich eine Modifikation des Wertesystems.

Damit bietet sie gleichzeitig einen Ausweg aus dem grundsätzlichen Dilemma der bürgerlichen Gesellschaft, dem Widerspruch zwischen bürgerlicher Ideologie und der ökonomischen und gesellschaftlichen Realität. Dieses Problem zeigt sich besonders in Krisenzeiten, wenn Protestbewegungen entstehen, die zunächst nur auf Einlösung der bürgerlichen Postulate drängen. Damit ist jedoch schon ihre Weiterentwicklung in Richtung auf sozialistische Bewußtseinsformen und Forderungen in den Bereich des Möglichen gerückt, da die bürgerliche Ideologie Forderungen erhebt, die im Rahmen der kapitalistischen Produktionsweise letztlich nicht zu erfüllen sind. Es bieten sich somit zwei Möglichkeiten, dieses Dilemma aufzulösen:

- entweder werden die gesellschaftlichen Verhältnisse dahingehend verändert, daß den Ansprüchen der Menschen z. B. auf intakte Umwelt, Existenzsicherung oder Selbstbestimmung entsprochen werden kann, was letztendlich den Übergang zum Sozialismus bedeuten würde,
- oder die Ansprüche der Menschen werden mittels einer entsprechenden Weltanschauung auf ein Maß reduziert bzw. in eine Richtung gelenkt, die den Erfordernissen der Kapitalverwertung angemessen sind. Dies ist in letzter Konsequenz der Inhalt des »Neuen Nationalismus«.

Die spezifische Qualität der neurechten Ideologie besteht also darin, diese Widersprüche aufzulösen, indem sie die Ideologie den realen Erfordernissen der gegenwärtigen Entwicklungsstufe der kapitalistischen Wirtschaft anpaßt. In diesem Sinne ist der Nationalismus in Krisenzeiten die »reale« Alternative zum Sozialismus und gewinnt damit in der gegenwärtigen Situation zunehmend an Bedeutung in den kapitalistischen Industriestaaten.

II. Grundlagen der Lösungsvorschläge einer »erneuerten« Rechten

Seit Ende der sechziger Jahre befinden sich die Bedingungen für Wirtschaftspolitik und Politik der westlichen Industriestaaten in einem grundlegenden Wandel. Die Beendigung der Wiederaufbauphase nach dem Zweiten Weltkrieg in Westeuropa, der langanhaltenden Nachkriegskonjunktur (signalisiert z. B. durch die erste Konjunkturkrise der BRD 1967), traf zusammen mit Veränderungen im Weltmaßstab, die die kapitalistischen Staaten im Verlauf der siebziger Jahre vor völlig neue Probleme der Sicherung ihrer Existenzgrundlagen stellten. Seitdem befinden sich die westlichen Industriestaaten in einem langfristigen Anpassungsprozeß ihrer Wirtschaftskonzepte und -politik, ihrer Innen- und Außenpolitik und ihrer Globalstrategie an die veränderten Bedingungen.

Das verstärkte Aufkommen rechter bis rechtsextremer Strömungen und Gruppen gerade in den beiden ökonomisch stärksten Ländern Westeuropas, der Bundesrepublik und Frankreich, ist nur vor dem Hintergrund zu verstehen, daß durch den relativen Machtverlust der USA der Aufstieg Europas zur »Dritten Weltmacht« möglich, und, aufgrund des weltweit veränderten Kräfteverhältnisses zugunsten des Sozialismus, vom Standpunkt der »Sicherheit des Westens« auch notwendig erscheint. Wirtschaftliche und militärische Machtpolitik Europas nach außen bedarf jedoch zu ihrer Absicherung der inneren Geschlossenheit und Unterstützung, nicht zuletzt, um die notwendigen Mittel zur Expansion und Stärkung der militärischen Potenz dem inneren Verbrauch entziehen zu können.

Dem steht jedoch die innere Polarisierung der westeuropäischen Staaten entgegen. Hinzu kommt, daß der zentrale Hebel der Diskreditierung des Sozialismus, der darin bestand, die angebliche wirtschaftliche Überlegenheit des Kapitalismus zu demonstrieren, zunehmend an Wirksamkeit verliert. So erzielte die DDR in den letzten Jahren höhere und stabilere Wachstumsraten als die BRD, im Konsumniveau hat eine wesentliche Annäherung stattgefunden. Auch die Abschwächung des antikommunistischen Feindbildes im Zuge von Entspannungspolitik, Kulturaustausch und Osthandel erhöht die Möglichkeit, daß der Sozialismus besonders durch seine Vorteile in den Bereichen Arbeit, soziale Sicherheit und Bildung als gesellschaftliche Alternative an Attraktivität gewinnen könnte.

Hier will nun die »Neue Rechte« eine Alternative bieten, einen »dritten Weg zwischen Kapitalismus und Kommunismus«, eine »höhere Wahrheit« die »mehr Substanz bedeutet, mehr innere Logik ausstrahlt, eine größere Überzeugungskraft besitzt.«[24] Die »Neue Rechte« betrachtet ihr Vorhaben zunächst als ein »metapolitisches«, d. h. ausschließlich auf die Erringung der kulturellen Hegemonie gerichtetes Projekt, da sie die Überzeugung vertritt, daß die kulturelle Hegemonie auch die politische Macht garantiere. Wenn man dazu berücksichtigt, daß sich ihr Politikverständnis auf Carl Schmitts »Primat der Politik« beruft, dem Wirtschaft und soziale Anliegen untergeordnet werden müssen, wird die »Zielsetzung der neuen Bestimmung der europäischen Werte«[25] durchaus zu einem Programm der grundsätzlichen Veränderung der innen- und außenpolitischen Kräfteverhältnisse.

»Mit den möglichen Folgen, die unsere Anschauungen in einer Generation junger Wölfe hervorrufen können, dürfen wir allerdings rechnen (. . .). Sie können morgen die bestehenden Gliederungen umstürzen, sich einer neuen kulturellen Macht bemächtigen und eine Ausrichtung durchsetzen, die durchaus ein neues Schicksal für Europa bestimmen könnte.«[26]

Diese »Anschauungen« unterteilt Günther Bartsch in »sechs Säulen«, und zwar »Bio-Humanismus«, die »okzidentale Erkenntnistheorie des logischen Empirismus«, das »biologische Menschenbild«, den »Ethnopluralismus«, »Befreiungsnationalismus« und »europäischen Sozialismus«.[27] Kaum weniger undurchsichtig stellt das »Thule-Seminar« seine »Lebensanschauung« dar als neun Alternativen zu bestehenden Weltanschauungen und Systemen:

- »die lebensanschauliche Alternative«, die »keine dogmatisierende Entzifferung des Weltgeschehens« anstrebt und sich u. a. auf Nietzsche, Oswald Spengler, Ernst Jünger und Carl Schmitt beruft,
- »die philosophische Alternative«, als deren Erkenntnistheorie der »logische Empirismus« genannt wird, und die »Weltauffassung« des Nominalismus (= »Bedingtheit der Begriffe und Ideen gegenüber den jeweiligen ethnokulturellen Normen«) und des Existentialismus (= Begriff des »Menschen innerhalb eines kulturellen Erbes«)
- »die soziologische Alternative« auf der Grundlage von Vererbungslehre und »Soziobiologie«
- »Alternative zum Totalitarismus weltlicher oder judäochristlicher Prägung«, worunter jede Form der »Gleichheitslehre«, des »Universalismus« verstanden wird

- »die wirtschaftliche Alternative«, eine »organische Ökonomie« gegen den »Ökonomismus als Motor der Geschichte«
- »die geschichtliche Alternative«, die »über die Zukunft zu spekulieren« vermag, »solange das betreffende Volk seine genetische Substanz nicht modifiziert hat«
- »die »Alternative zum Universalismus« auf Grundlage der Berufung auf die »Lebensgesetze: nämlich das Volk«
- »die strategische Alternative«, »eine Strategie der kulturellen Auseinandersetzung« zur »Bewußtwerdung der volklichen Identität«[28]

Die innere Logik des Aufbaus erschließt sich, wenn man von der Grundannahme neurechter Weltsicht ausgeht, dem »Volk« als Subjekt der Geschichte. Es handelt sich um ein rassistisches Welterklärungsmodell, dessen Kern der »Ethnopluralismus« ist, die Forderung nach getrennter Entwicklung der »Identität« der jeweiligen Völker und Rassen. Daraus ergibt sich die notwendige »Befreiung« Europas von sowjetischer und amerikanischer »Fremd«-Herrschaft und der Zusammenschluß Europas zu einem einheitlichen Block der »indogermanischen Völker« als dritter Weltmacht. Dies soll geschehen mittels des »Befreiungsnationalismus«, des Kampfes der Völker um ihre »Identität« gegen die »fremden« Lebens- und Denksysteme. Die »nationale Identität« als die je verschiedene Grundstruktur eines Volkes oder einer Rasse wird hergeleitet aus einem biologistischen, »realistisch« genannten Menschenbild, dem hierarchisch gegliederten »Volkskörper« als Gesellschaftskonzeption und einer Umdeutung der Geschichte zum »Schicksal« der Völker, aus dem sich die »geschichtliche Sendung« eines Volkes ergibt. Zwar differieren diese Theoreme in einzelnen Aspekten zwischen den verschiedenen Gruppierungen und Strömungen der »Neuen Rechten«, können aber durchaus zunächst als Gesamtkomplex dargestellt werden, um danach auf Differenzen und den Verlauf des Diskussions- und Klärungsprozesses innerhalb der »Neuen Rechten« einzugehen.

1. Programmatik einer völkischen Neuordnung der Welt: Ethnopluralismus

Der Schlüssel zum Verständnis der neurechten Ideologie und der daraus abzuleitenden politischen Forderungen ist der »Ethnopluralismus«, ein Welterklärungsmodell auf der Grundlage von »Völkern« bzw. »Rassen« als konstituierendem Moment menschlicher Entwicklung und Geschichte. Der »Ethnopluralismus« stellt einen Komplex von mehreren aufeinander bezogenen Theoremen dar, die von den Theoretikern der »Neuen Rechten« selbst nicht im Zusammenhang dargestellt, sondern nur getrennt angedeutet werden. Will man jedoch nicht von vorneherein der neurechten Ideologie jede innere Logik absprechen und sie schlicht in den Bereich des Irrationalen verweisen, muß davon ausgegangen werden, daß der Begründungszusammenhang des »Ethnopluralismus« als Grundstruktur neurechter Weltsicht sozusagen im Hintergrund jedes Argumentationsmusters mitgedacht werden muß.

Der Ethnopluralismus« setzt sich aus folgenden Grundmustern zusammen:

– Subjekt der Geschichte ist das »Volk«. Aus dem Kampf der »Völker« um ihre »Selbsterhaltung« entstehen Entwicklung und Fortschritt.
  »Proudhon und Gobineau begannen über Marx zu triumphieren. Man beginnt sich darüber klar zu werden, daß die letzte Triebfeder der Konflikte nicht der Klassenkampf ist, sondern der Zusammenstoß von Völkern.«[29]
– ein »Volk« entsteht durch die »Territorialität«, d. h. »einen Gruppenmechanismus der Abgrenzung nach außen und Solidarität nach innen«[30] zur Verteidigung des Territoriums, das es bewohnt. Diese Verteidigung des angestammten Landes gilt als Überlebensgrundlage der Völker und gleichzeitig als Motor der Entwicklung. So wird z. B. unter Berufung auf den amerikanischen Verhaltensforscher Robert Ardrey behauptet, daß das dazu notwendige Tragen von Waffen den aufrechten Gang der Menschen erzwungen habe.[31]
– Aus der Auseinandersetzung mit der jeweiligen Landschaft entstehen die verschiedenartigen »erbmassebedingten Erscheinungsformen« der Völker. Unter Berufung auf die »moderne« Verhaltensforschung (Konrad Lorenz, Robert Ardrey u. a.) proklamiert die »Neue Rechte« sowohl die »stammesgeschichtliche Funktion der Territorialität« als auch die Prägung des Individuums durch die »Heimat« als der »inneren Landschaft, die der Mensch für immer in sich trägt.«[32]
– Da die »Territorien«, mit denen die Völker sich auseinandersetzen müssen, notwendig verschieden sind, folgern die Theoretiker der »Neuen Rechten« daraus die »ethnokulturelle Bedingtheit der Normen und Werte.« Demzufolge versteht man unter »Pluralismus« die Behauptung der grundsätzlich unterschiedlichen Veranlagung der Völker, die sich nicht nur in äußeren Merkmalen wie der

Hauptfarbe manifestiere, sondern auch in unterschiedlichen geistigen und psychischen Strukturen und damit auch in unterschiedlicher Wahrnehmung der Realität und des Verhaltens zu ihr.

»Dieser Denkprozeß ist insofern geboten, als der völkische Pluralismus einen Pluralismus sowohl der Werte als auch demzufolge der Wahrheitsbegriffe voraussetzt. Daraus geht hervor, daß der Wahrheitsbegriff eines Volkes in keiner Weise maßgebend für ein anderes sein muß: unterschiedlichen psychischen Anlagen entsprechen unterschiedliche Auffassungen der Welt. . .«.[33]

– ein auf diese Weise entstandenes »Volk« stellt nicht nur ein Konglomerat aller Klassen und Schichten einer Nationalität dar, sondern vielmehr ein natürlich gewachsenes »organisches Ganzes«, einen gewissermaßen mit einem Eigenleben begabten Organismus, »wobei das schicksalhaft Gegebene stärker betont ist, weniger der Wille und ein klares Bewußtsein von sich selbst.«[34]

Die angeborene Zugehörigkeit zu einem »Volk« setzt dem Willen und Bewußtsein des Menschen Grenzen, die nicht überwunden werden können und bei Nichtanerkennung den Verlust der »Identität« zur Folge haben. Es existiert also kein »Mensch an sich«, sondern nur der einzelne Repräsentant eines Volkes, einer Kultur oder einer Rasse.

Von hier erklärt sich auch die Umdeutung der Soziologie zur »Soziobiologie«, da mit der biologischen Determiniertheit des Menschen durch seine Volkszugehörigkeit der Gegenstand des Interesses sich von sozialen Gruppen auf den »Nationalcharakter« und seine jeweils spezifische Ausprägung verlagert.

Ebenso lassen sich von hieraus die Angriffe auf die Menschenrechtsdeklaration der UNO erklären, denn in neurechter Sicht »ist die Menschheit nichts als die Gesamtheit der Kulturen und Volksgemeinschaften: durch seine organische Zugehörigkeit ist der Mensch in seinem Menschentum ausgewiesen.«[35]

– die Entwicklung von Völkern vollzieht sich durch Evolution. Anknüpfend an die Tradition des Sozialdarwinismus und entsprechende Tendenzen in der neueren Verhaltensforschung überträgt die »Neue Rechte« die aus der naturgeschichtlichen Entwicklung der Tierarten gewonnenen Evolutionsgesetze der natürlichen Selektion auf die menschliche Gesellschaft. Damit leugnet sie eine spezifisch menschliche Entwicklung im Unterschied zur tierischen, nämlich den Übergang des phylogenetischen Entwicklungsprozesses in den gesellschaftlich-historischen Prozeß, durch den sich der Evolutionsmechanismus als Bedingung des historischen Fortschritts selbst überflüssig gemacht hat.[36]

Diese umstandlose Übertragung der Evolutionsgesetze auf die menschliche Gesellschaft führt zu der Begründung notwendiger Ungleichheit zwischen den Menschen und Völkern, da sonst vom Standpunkt der Evolution kein Fortschritt möglich wäre: »Die Evolution schreitet durch Selektion voran, welche ihrerseits auf der Existenz von genetisch determinierten Varianten basiert. Die Wissenschaft beweist ... tatsächlich, daß Erbgleichheit ein Mythos ist.«[37]

Unter Hinzuziehung der Mendelschen Vererbungsgesetze folgert man daraus, daß Vermischung von Völkern oder Rassen zur Aufhebung der Unterschiede und damit zur Angleichung auf niedrigstem Niveau führe, und fordert im Interesse der Weiterentwicklung und des Fortschritts, »die Völker als ›genetische Isolate‹ zu erhalten, wenn ihre Leistungsfähigkeit fortgesetzt werden soll« und sie nicht »durch Kreuzungen zu bastardisieren.«[38]

Die volle Tragweite dieser Auffassungen wird sichtbar u. a. in der Befürwortung der südafrikanischen Apartheid-Politik als einer Verwirklichung der »ethnopluralistischen« Grundsätze: »Die Politik der getrennten Entwicklung nimmt auf die Andersartigkeit der Bantu Rücksicht und versucht sie nach ihrer Veranlagung und ihren eigenen Erbanlagen zu entwickeln ...«.[39]

– Übergeordnetes Kriterium der Zuordnung von Völkern ist die »Rasse« als eine ethnische Verwandtschaft im weitesten Sinne.
»Eine Realität ist die Gliederung der Menschheit in Europide, Negroide und Mongolide. Sprachliche Unterarten wie Germanen, Romanen und Slawen bestehen zwar ebenfalls, haben aber nur nebensächliche Bedeutung.«[40]

Diese den gegenwärtigen Erfordernissen angepaßte Aktualisierung der Rasseneinteilung wird begleitet von der Abgrenzung gegen solche »politischen Hinterwäldler«, die immer noch »den Unsinn einer germanischen Rasse« glauben, was dem Zusammenschluß Europas sehr hinderlicher sei.[41]

»Es gibt keinen gültigen Maßstab, Rassen in bessere und schlechtere im moralischen oder sonst einem Sinne einzuteilen. Sogar die Gültigkeit einer Einteilung in absolut höher- oder niedrigerstehende Rassen ist zweifelhaft.«[42]

Allerdings bleiben diese Abgrenzungen gegen den Verdacht des Rassismus der neurechten Ideologie äußerlich, wie sich spätestens erweist, wenn Günther Bartsch den »Jensenismus« als genuinen

Bestandteil der neurechten Weltanschauung nennt. Der amerikanische Psychologe Arthur E. Jensen kam in Auswertung von Intelligenztests mit amerikanischen Schülern zu dem Schluß, »daß die Intelligenz etwas mit der Rasse zu tun haben muß.«

»Es handelt sich nach Jensen vielmehr um verschiedene Intelligenzstrukturen. Nur in der Fähigkeit zum logischen und abstrakten Denken ist die weiße Rasse überlegen. Der Neger zeichnet sich demgegenüber durch ein besseres Gedächtnis und größere manuelle Geschicklichkeit aus. Seine geringere Fähigkeit zum logisch-abstrakten Denken ist jedoch durch äußere Einflüsse unkorrigierbar.«[43]

Auf dem Hintergrund dieses »wertfreien« Rassismus im Begründungszusammenhang des »Ethnopluralismus« ist auch die »Theorie des okzidentalen Syndroms« von Henning Eichberg zu verstehen, die ebenfalls eine zentrale Stellung in der neurechten Ideologie einnimmt.

Unter einem »Syndrom« versteht Eichberg die je volks- oder rassespezifischen Denksysteme und Fähigkeiten, die die Grundlage der Entwicklung der jeweiligen Kultur im weitesten Sinne bildeten. Das »okzidentale Syndrom« beinhaltet demzufolge die besonderen Eigenschaften und Fähigkeiten des »europiden« Menschen, insbesondere:

– »Abendländische Rationalität im Sinne einer Zweck-Mittel-Relation
– eine spezifische Verbindung von Logik und Empirie
– Technologie als Naturbeherrschung
– quantifizierendes und klassifizierendes Denken
– Leistungsorientierung. . .«.[44]

Mit anderen Worten, die Denkstrukturen, die für die Entwicklung von Wissenschaft und Technik konstitutiv sind, sind besondere und alleinige Eigenarten der »indogermanischen« Rasse, wie auch die Leistungsorientierung und der Drang nach Weiterentwicklung in Richtung auf Nietzsches »Übermenschen«.

»Europa wird als Zentrum der weißen Völker und diese werden als Schöpfer einer spezifischen Kultur, der heute weltweit dominierenden wissenschaftlich-technischen Zivilisation, dargestellt.«[45]

Allen anderen Völkern und Rassen ist diese wissenschaftlich-technische Zivilisation besonders mittels der Entwicklungshilfe als »indirekter Fortsetzung des Kolonialismus« aufgezwungen worden. Demzufolge ist es ein Erfordernis des »organischen Humanismus«, diese Völker von der »kulturellen Überfremdung« zu befreien und in ihren Naturzustand zurückzuversetzen.

»Jede Kultur hat das Recht auf ihren eigenen Weg. Sie ist nur aus ihrem spezifischen Syndrom zu begreifen. (. . .) Deshalb sollte der

Ethnozentrismus durch den Ethnopluralismus ersetzt werden, um eine künftig reibungslose Beziehung der Kulturen bei Wahrung ihrer Eigenarten zu ermöglichen. Ihre Vermischung wäre grundfalsch . . .«.[46]

Die diskrete Andeutung Eichbergs, daß der Drang nach Weiterentwicklung, nach »über-sich-hinaus-wachsen« eine besondere europäische Eigenschaft sei, die anderen Kulturen und Rassen nicht eigen sei, findet sich bei anderen neurechten Autoren mit größerer Deutlichkeit wieder. Mit Bezug auf Nietzsche wird der »Willen zur Macht« zitiert, der eine besondere Eigenschaft des »Indoeuropäers« sei.

Schon »Europas faszinierende Geschichte einer Überlegenheit«[47] zeige deutlich, daß der »indoeuropäische Geist« im »Willen zur Macht verwurzelt« sei, in seiner Kultur und Tradition angelegt. Es gelte nur, dieses »Schicksal« nun auch adäquat auszugestalten, denn »das schöpferische Vermögen der Menschen gestaltet diese potentielle Macht in jeder Generation aus.«[48]

Dieser im europäischen »Erbgut« angelegte »Willen zur Macht« wird verknüpft mit einem Politikverständnis im Sinne der ethnopluralistischen »Lebenskampf-« und »Selbstbehauptungs«theorie als Grundlage der Geschichte und des Aufeinandertreffens von Völkern. In der Tradition von Carl Schmitt wird »die außenpolitische Linie eines Landes (bestimmt) durch die Definition der Freunde und Feinde«, denn »Auf der Ebene der Nationen muß jeder sich zu behaupten und durchzusetzen suchen«, weshalb auch »der Rekurs auf die Entscheidung durch Gewalt nie ausgeschlossen« ist.[49]

Auf dem Hintergrund des völkischen Welterklärungsmodells werden so aus jahrhundertelanger kolonialer Beherrschung der Welt und zwei Weltkriegen sozusagen »natürliche Lebensäußerungen« des »indoeuropäischen Geistes«, der sich auch in Zukunft durchaus wieder in dieser Richtung äußern kann, wenn Europa zu seiner »Identität« zurück findet.

2. Ursache der Krise: »Überfremdung« durch den »Universalismus«

Auf dem Hintergrund der oben skizzierten völkischen Weltanschauung bekommt die gegenwärtige tiefe Krise des kapitalistischen Weltsystems eine neue Bedeutung. Sie wird interpretiert als das Ergebnis der jahrtausendelangen Mißachtung der völkischen Natur- und Entwicklungsgesetze durch Vermischung und »Überfremdung« der Völker und Rassen.

Pierre Krebs eröffnet seinen Aufruf zu einer »europäischen Wiedergeburt« mit einer apokalyptischen Vision des Untergangs, der »möglicherweise noch stärker, noch tiefgreifender und noch schrecklicher (ist) als die Folgen eines nuklearen Vernichtungskrieges«.

»Dieses Ereignis hat einen Namen. Es hat auch eine Geschichte und ein Gesicht: es handelt sich nämlich um das egalitäre (gleichmacherische) Weltsystem; das System oder das Instrument zum Völkermord.«[50]

Das »System« wird als etwas abstraktes, »lebensfeindliches« im Gegensatz zu »natürlich« gewachsenen »organischen« Gemeinschaften begriffen.

Dieses »lebensfeindliche«, ja inzwischen geradezu »lebensvernichtende« »egalitäre System« wurde »in Europa durch das Judenchristentum eingeführt«[51] und zerstörte dort die ursprünglichen »ganzheitlichen« Gemeinschaften der Völker, da es eine »im Grunde orientalische Religion (ist), die zu jahrhundertelanger Stagnation Europas führte, weil sie durch ihre Fremdheit im okzidentalen Kulturkreis die abendländische Rationalität lähmte.«[52]

Durch das »Judenchristentum« wurde der Mensch aus seiner Beziehung zur Gemeinschaft und zum Volk herausgelöst und als einzelnes Individuum in Beziehung zu Gott gesetzt, vor dem jeder gleich sein sollte.

Dieser »egalitäre Mythos« der »fremdvölkischen« Religion wurde mit der französischen Revolution von 1789 und der Aufklärung »verweltlicht« und es entstand der Liberalismus, später weiterentwickelt zum Kommunismus, als Zerfallprodukt der »judenchristlichen« Religion.

In diesem Zusammenhang erfolgt eine Umdeutung des Begriffs »Totalitarismus«, der als Oberbegriff für das »Judenchristentum« und seine Zerfallprodukte Liberalismus und Kommunismus verwendet wird. Diese seien insofern »totalitär«, daß sie die Gleichheit der Menschen und Völker behaupteten und erzwingen wollten, damit natürliche Unterschiede und Hierarchien aufhöben und so gleichermaßen volkliche Eigenart und individuelle Persönlichkeit zerstörten.

»Was unseres Erachtens den Totalitarismus am besten kennzeichnet, ist die Zurückführung auf das Gleiche, die Rückführung auf das Einzige, die aufgezwungene (Kommunismus) oder heimliche (Liberalismus) Standardisierung der menschlichen Typen und Denkhaltungen.«[53]

Dagegen proklamiert der »Ethnopluralismus« eine »organische« Regierung, womit keine bestimmte Form der Herrschaftsausübung bezeichnet wird, sondern je verschiedene, die dem jeweiligen »Syndrom« eines Volkes entsprechen. »Auf lange Sicht sind die einzelnen Regierungsformen das Abbild der Völker, die sie führen. Auf lange Sicht haben die einzelnen Völker die Regierungsform, die sie verdienen.«[54]

Mit anderen Worten, es gibt gar nichts gegen terroristische Formen der Herrschaftsausübung einzuwenden, solange diese der »Natur« eines Volkes entsprechen (z. B. wird den Afrikanern eine Verehrung für »starke Männer« und Diktaturen nachgesagt, den Asiaten Hang zum »Despotismus«) und keine »Gleichheit« verwirklichen wollen.

»Die nichtegalitären (Regierungsformen – M. K.) können ihrerseits autoritäre, despotische, ja sogar diktatorische Erscheinungsbilder aufweisen. Sofern sie holistische (d. h. ganzheitliche – M. K.), organische, auf Anerkennung der Verschiedenheit gründende Regierungsformen sind, können sie nicht zum Totalitarismus umschlagen . . .«.[55]

In Abgrenzung zur gängigen bürgerlichen Totalitarismustheorie wird ausdrücklich betont, daß der Liberalismus nicht etwa im Gegensatz zum »totalitären« Sozialismus stehe, sondern dessen ebenso »totalitäre« Vorstufe sei. Die zentrale Kritik der »Neuen Rechten« am Liberalismus besteht in der Erkenntnis, daß die Forderung, die Versprechungen der liberalen Ideologie tatsächlich zu verwirklichen, zum Sozialismus führe. Daher schaffe es der Liberalismus nicht nur nicht, gegen den Kommunismus zu immunisieren«, sondern er unterstütze dessen Entstehung sogar, indem er das »egalitäre Ideal« verbreite und durch den »Wert des persönlichen Genusses« dazu führe, »gerade jene Abwehrwerte oder machterzeugende Faktoren zu vernichten, die sich normalerweise dem Erstarken des Kommunismus widersetzen könnten.«[56]

Diese »Abwehrschwäche« des Liberalismus äußere sich besonders in der Form des liberalen Staates, der durch die Gewaltenteilung entmachtet und zur Handlungsunfähigkeit verdammt sei. Dem liberalen Staat käme nur noch eine »Nachtwächterrolle« zu, er sei nur noch Handlanger der Wirtschaft, indem er durch soziale und wirtschaftliche Verteilungsaufgaben die Sicherheit der Individuen garantiere. Dagegen fehle ihm jede politische Handlungsfähigkeit mangels Souveränität, politischen Bestrebungen selbst zu seiner Vernichtung könne er nur tatenlos zusehen und bestenfalls die Einhaltung der demokratischen Spielregeln überwachen. Aber nicht einmal in dem Bereich, in dem dem liberalen Staat noch Handlungsbefugnisse zugestanden würden, nämlich der Wirtschaft, sei er tatsächlich in der Lage, Kontrolle auszuüben, er könne »nicht einmal die rechtmäßige Angemessenheit der wirtschaftlichen Handlungen gewährleisten, da seine zur Überwachung erforderliche Souveränität von vorneherein geleugnet wird.«[57]

Diese Machtlosigkeit des Staates durch »die Teilung in exekutive und judikative Gewalt, die der ursprünglichen europäischen Ideologie widerspricht«, sei ebenfalls ein Zerfallsprodukt des »Judenchristentums.«

»In beiden Fällen sehen wir uns einer Staatsform gegenüber, die sich in weltlicher und materieller Hinsicht die früheren Befugnisse des Schutzgottes zu eigen macht.«[58]

Ebenso wie in der konservativen Ideologie der »Wende« wird hier die Tatsache, daß der gesamte gesellschaftliche Prozeß vom Monopolkapital gesteuert wird, von ihren ökonomischen Ursachen abgekoppelt und in eine Kritik an dem »schwachen Staat« umgemünzt.

Liberalismus, Kommunismus und die Reste des »Judenchristentums« werden als die Ursache des Verfalls und der Krise in Europa betrachtet, da sie als »universalistische« Doktrinen die europäische »Identität« zerstört haben, die Menschen ihrem »Schicksal« entfremdet haben. Vor allem durch den »messianischen Glauben« an eine Richtung und einen Sinn des Geschichtsverlaufs hin zu einer zukünftigen besseren Welt hat der »Universalismus« den »Willen zur Macht« untergraben, denn »die Geschichte ist nicht mehr eine durch menschliche Kraft geformte Zeit, sie ist vielmehr ein Hort der Hoffnung auf und des Glaubens an bessere Zeiten. Der indogermanische Mensch faßte die Geschichte als den materiellen Rahmen eines Programms auf, dessen Verwirklichung einzig durch seinen Willen entschieden wurde.«[59]

Aus diesem Grund kann Europa die Krise nur überwinden durch »mächtige Wiederanknüpfungen an Strukturen der vorchristlichen, germanischen Geisteswelt.«

»Europa braucht die Ausbildung eines gemeineuropäischen, sich an unseren eigenen ethnischen Ursprüngen anbindenden, sich auf die ausweitenden und sich aus ihnen nährenden Bewußtseins ursprunghafter und schicksalhafter Zusammengehörigkeit.«[60]

Dieses Bewußtsein zu schaffen und ihm zur Durchsetzung zu verhelfen ist das zentrale Anliegen der gesamten »Neuen Rechten« in der Bundesrepublik.

In diesem Punkt trifft sich die »Neue Rechte« mit den Interessen mächtiger Kapitalgruppen, die eine engere und bindendere Zusammenarbeit in Westeuropa anstreben, um gegenüber der japanischen und US-amerikanischen Konkurrenz geschlossener handeln zu können, als dies durch die Organisation der EG möglich wäre. Sowohl um die westeuropäische Weltposition zu verbessern als auch im Hinblick auf eine selbständige Militärpolitik, besonders einer eigenständigen Atompolitik, auf der Achse Bonn–Paris wäre eine »Nation Europa« eine willkommene Lösung.

Trotzdem wäre es verkürzt, von der Übereinstimmung bezüglich der Zielvorstellungen auf einen direkten Zusammenhang zwischen den europäischen Konzernen und der »Neuen Rechten« zu schließen, etwa im Sinne einer »Verschwörungstheorie«, die der »Neuen Rechten« eine bewußte demagogische Verschleierung von Kapitalinteressen unterstellt.

Die Übereinstimmung der neurechten Vorstellungen mit bestimmten Kapitalinteressen resultiert vielmehr daraus, daß die »Neue Rechte« die ökonomische Krisenprozesse in »Wertkrisen« umdeutet, ohne deren ökonomische Grundlagen zu erfassen. Demzufolge können ihre Lösungsvorschläge letztendlich nichts anderes sein als eine Anpassung und Effektivierung der Ideologie gemäß den veränderten ökonomischen Bedingungen.

3. Umsetzung der Neuordnung: Befreiungsnationalismus

Auf dem Hintergrund des »Ethnopluralismus« als Programmatik einer völkischen Neuordnung der Welt hat die »Neue Rechte« eine spezifische »Revolutions«-theorie entwickelt, den »Befreiungsnationalismus«.

Der »Befreiungsnationalismus« beruht auf einer dem völkischen Weltbild entsprechenden Umdeutung des Begriffs »Imperialismus«. Der »Neuen Rechten« erscheinen ökonomische Prozesse als unter Politik und Kultur untergeordnete Faktoren, die niemals eigenständig als Ursache auftreten, sondern lediglich als Wirkungen einer falschen, »fremden« Weltanschauung. Von daher wird der »Imperialismus« in ihrer Terminologie von der ökonomischen Ausbeutung und Unterdrückung anderer Länder zu einer »Beherrschung fremden Volkstums« aus dem »messianischen« Eifer heraus, die eigene Kultur und Zivilisation auf der ganzen Welt zu verbreiten. Die ökonomische Ausbeutung und Unterdrückung ergebe sich als »natürliche« Folge des kulturellen Missionseifers, da man mit der »weißen« Kultur und Zivilisation natürlich auch deren Maßstäbe und Denksysteme den anderen Völkern aufzwinge. »Damit hetze man jene (in diesem Fall die »Neger« – M. K.) nämlich nur in einen Konkurrenzkampf, dem sie von Natur aus nicht gewachsen sein könnten«[61], da sie ja, in Ermangelung des »okzidentalen Syndroms«, auf dem Gebiet der Wissenschaft und Technik nie dieselben Leistungen erbringen können wie die »Indoeuropäer«.

Demzufolge ist der neurechte »Antiimperialismus« nicht etwa auf der Forderung z. B. nach Nationalisierung der Bodenschätze oder der Industrie begründet, um die Ausbeutung durch ausländisches Kapital zu unterbinden, sondern »Antiimperialismus« ist der Kampf der Völker um »nationale Identität«, gegen die »kulturelle Überfremdung«, zu der auch der Import von Wissenschaft und Technik gehört oder das Studium an europäischen oder amerikanischen Universitäten.

In diesem Sinne ist das Konzept des »Befreiungsnationalismus« zu verstehen:

»Identität oder Entfremdung – so stellt sich die Grundfrage der modernen Gesellschaft. Identität im Volk, mit dem Volk, durch das Volk, für die Sache des Volkes – das ist die revolutionäre Antwort. (. . .) Als Element der Identität gegen multinationale Entfremdung führt der Nationalismus zur Integration des Individuums in das Volk . . . und ermöglicht so den Kampf gegen den gemeinsamen Feind der Völker, gegen jede Form des Imperialismus und Totalitarismus.«[62]

Der so zum »Antiimperialismus« umgedeutete »Befreiungsnationalismus« als »Aufstand der Völker« bezieht sich sowohl auf den »nationalrevolutionären Freiheitskampf« gegen den Einfluß fremder Staaten als auch auf das »kulturrevolutionäre Ringen für die Freiheit der nationalen Volkskulturen« und die innenpolitische Umwälzung zugunsten einer »organischen Gesellschaft.«

Die Herausbildung des »Befreiungsnationalismus« setzt an bei der engeren nationalen »Heimat« als der dem einzelnen nächsten Ebene, auf der man sich von der »Überfremdung« und »Vermassung« absetzen kann, indem man in den regionalen Traditionen – Kultur und Dialekt – seine volkliche Eigenart wiederlebt. Demzufolge begrüßt die »Neue Rechte« jede regionalistische Autonomiebewegung in der Welt, seien es nur die Iren, Waliser oder Südtiroler, als Ursprung jener »gewaltigen Kräfte, die aus tiefsten Gründen kulturellen und geschichtlichen Bewußtseins aufbrechen.«[63]

Aus dem »Heimatbewußtsein« soll sich weiter das Bewußtsein der Zugehörigkeit zu einem Volk, einer »Kulturnation« herstellen und schließlich das Bewußtsein der Rassenzugehörigkeit. Dieses »Identitätsbewußtsein« stellt die Grundlage für die Bereitschaft dar, die je besondere »Identität« gegen fremde Einflüsse zu verteidigen.

Unter der Verteidigung der »völkischen Eigenart« und dem Kampf für eine völkische Neuordnung der Welt faßt die »Neue Rechte« unterschiedslos und ohne Rücksicht auf die politische Ausrichtung alle Bewegungen zusammen, die sich gegen einen der »Totalitarismen« Liberalismus, Sozialismus oder Christentum richten. So findet man in neurechten Publikationen die nationalen Befreiungsbewegungen der »Dritten Welt« in einer Reihe mit konterrevolutionären Bürgerkriegstruppen, westeuropäische Separatisten, den antikommunistischen und nationalistischen Gruppen in sozialistischen Staaten und dem »revolutionären Volkskampf in allen drei deutschen Teilstaaten.«[64] Unter dem Blickwinkel der »nationalen Identität« als Grundlage für das Selbstbestimmungsrecht der Nationen begrüßt die »Neue Rechte« die Aktivitäten der Palästinensischen Befreiungsbewegung PLO ebenso als »befreiungsnationalistische« Taten wie Anschläge auf die Grenze der DDR in der »Tradition der Befreiungskriege, der Revolution von 1848, der deutschen Arbeiterbewegung, des antifaschistischen Widerstandes und des Volksaufstandes vom 17. Juni 1953. (. . .) Ziel nationalrevolutionärer Politik ist der weltweite Sieg des Befreiungsnationalismus und die Schaffung einer an Unabhängigkeit und Selbstverwirklichung orientierten Völkerordnung. Grundlage dieser Ordnung ist das nationalrevolutionäre Prinzip des Ethnopluralismus.«[65]

Unter dieser Zielsetzung sollen sich die separatistischen Bewegungen Westeuropas gemeinsam mit allen revanchistischen Gruppierungen der BRD sozusagen als »westlicher Arm« derselben Bewegung verstehen, die für die »Dekolonisierung Osteuropas« kämpft, und gleichzeitig den Befreiungsbewegungen in der sogenannten »Dritten Welt« als Vorbild dienen.

Vorbilder des neurechten »Befreiungsnationalismus« sind der 17. Juni 1953, den die »Neue Rechte« als »revolutionären Kampftag des deutschen Volkes« feiert, als »explosiven Auftakt des nationalen Befreiungskampfes in ganz Deutschland«, und die Irisch Republikanische Armee (IRA), deren Gründer James Connolly schon 1896 »das wohl früheste und entschiedendste Konzept einer Synthese von Nationalismus und Sozialismus entworfen«[66] habe, welches als geeignetes Modell für ganz Europa bezeichnet wird.

Die Wahl dieser Vorbilder deutet darauf hin, daß sich der »Befreiungsnationalismus« bei der Unterstützung für »einen gemeinsamen

Aufstand der osteuropäischen Völker« und der Solidarität mit »den nationalen und oppositionellen Minderheiten in der UdSSR, wo sie (die Neue Rechte – M. K.) mit einem Umsturz rechnet«[67], keineswegs auf die Mittel der lediglich im Bewußtsein zu vollziehenden »Kulturrevolution« zu beschränken gedenkt.

Der »Befreiungsnationalismus« richtet sich hauptsächlich gegen den mit der französischen Revolution und der Aufklärung durchgesetzten Grundsatz der Gleichheit, der verkörpert wird von den »staatlich gewordenen Trägern des Universalismus«, den Großmächten USA und UdSSR. Diese werden mittels der neurechten Totalitarismustheorie gleichgesetzt als Gegner der volklichen Identitäten, als identitätslose »Zivilisationsmassen«, deren »gleichmacherische Massenkultur« alle kulturellen und historischen Unterschiede vernichte und gleichermaßen eine einheitliche Weltgesellschaft anstrebe, eine »One World der Konsumenten und Produzenten.«

»Miteinander verglichen mögen sich Sowjetunion und USA unterscheiden; gegenüber einem Dritten erweisen sie sich aber als identisch. (...) Im Falle Europas handelt es sich um den gleichen Schraubstock, um die gleiche Raserei einer irrsinnig gewordenen Technik, um die gleiche Dämonie der Wirtschaft-als-Schicksal, um die gleiche Fremdheit ...«[68]

Diese Gleichsetzung der beiden »Fremdmächte«, die durchaus Parallelen zur in den »Neuen Sozialen Bewegungen« und bei den »Grünen« verbreiteten »Supermachttheorie« aufweist (»Befreiung aus der ›Blocklogik‹«), kann jedoch schon von den theoretischen Grundlagen neurechter Ideologie her nicht durchgehalten werden, ganz abgesehen von den politischen Zielen, die später noch zu behandeln sein werden.

Zwar stehen USA und UdSSR dem »dritten Weg« gleichermaßen entgegen, aber sie müssen schon vom Inhalt dieses »Dritten« her, nämlich der Neuordnung der Welt auf Grundlage der »ethnischen Gemeinschaften«, unterschiedlich beurteilt werden. Vom Standpunkt der »Neuen Rechten« aus gesehen stellt sich die Frage nach der »befreiungsnationalistischen« Revolutionierbarkeit der beiden anonymen »Systeme« als Frage nach der »volklichen Substanz« als Subjekt der Revolutionierung. Von diesem Blickwinkel her gesehen findet eine Differenzierung zwischen USA und UdSSR hinsichtlich ihrer »völkischen« Perspektive statt, die die USA propagandistisch zum »Hauptfeind« avancieren läßt, während die »Volksgruppen« innerhalb der Sowjetunion zu potentiellen Bündnispartnern einer »Dritten Macht Europa« werden, allerdings nur unter der Voraussetzung, daß der

Sozialismus gestürzt und ein völkisches System im Sinne des neurechten »Ethnopluralismus« auf dem Boden der heutigen Sowjetunion errichtet wird.

»Die USA sind der völkervernichtende Mechanismus.« Diese Überschrift über Pierre Krebs' Anklage Amerikas[69] beinhaltet den Kern des neurechten USA-Bildes, nämlich die Einschätzung der USA als reines »System«, als toter »Mechanismus«, dem nichts Lebendiges, »Organisches« anhaftet, da der »Schmelztiegel der Rassen« kein Volk im neurechten Sinne darstellt. Das dem Territorium entstammende Volk, die Indianer, sind ausgerottet worden, ihre Kultur und Traditionen vernichtet, auf dem Territorium siedelten sich »fremdstämmige« Menschen vieler Völker und Rassen an, die ihre mitgebrachte »genetische Substanz« durch Vermischung zerstörten. »Ein Land, wo der Staat keine einzige volkliche Identität widerspiegelt; . . . wo aber die Bibel nach wie vor den Mittelpunkt allen sozialen Lebens einnimmt«[70]

Mangels einer »nationalen Identität« gilt als das konstituierende Moment des Staates das »Judenchristentum« und seine Verweltlichung als »kaufmännische Gesellschaft«, die USA sind sozusagen ein synthetisches Produkt des Egalitarismus. Ebenso sind die Amerikaner selbst »synthetisch«, einzig nach ihrem materiellen Besitz eingeschätzt, identitätslose »Einheitsmenschen«, da ihnen jene »organische Zugehörigkeit« fehlt, die in neurechter Sicht den Mensch zum Menschen macht.

In diesem synthetischen Mechanismus liege die Hauptgefahr für die Völker, denn »indem sie ihre Lebensweise ausführen, töten die USA die Seele der Völker, weil ihre Lebensweise selbst aus einem solchen Verbrechen entstanden ist.«[71]

Demzufolge sind die USA auch nicht befreiungsnationalistisch veränderbar, da ihnen der Träger eines solchen »Revolutionsprozesses«, ein gewachsenes »Volk« mit einem eigenen »Syndrom« fehlt. Deshalb »werden die USA die Bühne auf ebenso brutale Weise verlassen müssen, wie sie aufgetreten sind.«[72]

Demselben Grundgedanken folgt Armin Mohler in seiner Analyse eines von ihm festgestellten Antiamerikanismus in der BRD, »ein Antiamerikanismus, dem erstaunlicher Weise kein vergleichbarer Affekt gegen die andere Siegermacht gegenübersteht.«[73] Dürfte diese Feststellung zwar kaum den Tatsachen entsprechen in einem Land, dessen oberstes Gebot in Innen- und Außenpolitik seit seinem Bestehen der Antikommunismus ist, so wird doch gerade darin das Anliegen Mohlers deutlich, denn der Antikommunismus richtet sich in der völkischen Weltsicht ja nur gegen das »System«, nicht gegen die von ihm »unterdrückten« Völker.

Dagegen wirft er den USA vor allem ihren »guten, alten Puritanerbrauch« der »Moralpredigten« vor, der ihnen »die Maske des ›ugly american‹ eingetragen« habe. Entspricht diese »frömmlerische Visage«, wie wir gesehen haben, dem amerikanischen Wesen als einem Produkt des »Judenchristentums«, so hat der Export dieser Ideologie fatale Folgen für die betroffenen Völker: »Die Reeducation (also die amerikanische »Umerziehung« in der BRD nach dem Faschismus – M. K.) hatte den Deutschen beigebracht, Ziel der Außenpolitik sei nicht die Selbstbehauptung der Nation, sondern die Verbreitung menschheitlicher Ideale.«[74]

Damit hätten die USA insbesondere den »Willen zur Macht« untergraben und damit die BRD unfähig zu einer eigenständigen Außenpolitik gemacht, welche aus Gründen der »Selbstbehauptung« keinesfalls mit Moral vermengt werden dürfe.

Ebenso wie Krebs, der den USA vorwirft, daß sie »auf der ganzen Welt die Macht und die Dämonie der anonym-kaufmännischen Gesellschaftsform verbreitet«, unterschlägt auch Mohler das wohlverstandene Interesse des westeuropäischen Kapitals an der Rekonstruktion der »anonym-kaufmännischen Gesellschaftsform«, d. h. des Kapitalismus, und an seiner Verhüllung durch »menschheitliche Ideale«. Dadurch erscheinen die als negativ empfundenen Auswirkungen des Systems als Folge der »Überfremdung« der wahren europäischen Werte durch den »judenchristlichen Egalitarismus« der USA.

Diese überraschend veränderte Einschätzung der USA aus neokonservativer und neurechter Sicht erfüllt verschiedene Funktionen. Es steht außer Zweifel, daß die Hochstilisierung der USA zum »Hauptfeind« rein propagandistischen Charakter hat. Der Umstand, daß die USA aus neurechter Sicht keine Möglichkeit einer Veränderung auf völkischer Basis bieten, bedeutet auf der Ebene der praktischen Politik, daß daraufhin auch keine Versuche der Einflußnahme unternommen werden. Solche Versuche der Intervention mit politischen und militärischen Mitteln sollen sich auf die Staaten konzentrieren, die von ihrer »volklichen Substanz« her Möglichkeiten für einen nationalistischen Umsturz bieten: die sozialistischen Länder und die Staaten der sogenannten »Dritten Welt«.

Andererseits reflektiert die propagandistische Distanzierung von den USA die veränderten Kräfteverhältnisse innerhalb der kapitalistischen Welt und das weitgehende Scheitern der US-amerikanischen Politik der Stärke u. a. in Vietnam, Iran oder Nicaragua. »Die Nachkriegszeit ist vorüber – auch in den amerikanisch-westeuropäischen Beziehungen«, stellt die Vierteljahresschrift »Der Monat« fest.[75] »Die

USA sind nicht länger in der Lage, aus einer Position militärischer und wirtschaftlicher Überlegenheit die Entwicklung der Weltpolitik zu kontrollieren.«[76]

Das bedeutet natürlich nicht, daß diese Entwicklung die USA zum politischen Gegner Westeuropas gemacht hätte, jedoch hat sich das Kräfteverhältnis relativ zugunsten Westeuropas verschoben, während im Weltmaßstab das Gewicht der sozialistischen Länder erheblich zugenommen hat. Angesichts dieser Tatsache orientieren gerade die aggressivsten Teile des westeuropäischen Kapitals auf eine verstärkte Unterstützung der USA, insbesondere im Zusammenhang mit der Weltraumrüstung. Gleichzeitig soll das westeuropäische Gewicht im atlantischen Bündnis erhöht bzw. die US-amerikanische Politik der militärischen Bedrohung ergänzt werden durch eine von Westeuropa getragene Politik der inneren Einflußnahme auf die sozialistischen Staaten und die »Dritte Welt«. Eine solche Politik des »Wandels durch Annäherung«, diesmal in ihrer nationalistischen Variante, kann nur dann glaubwürdig wirken, wenn sie sich vom US-amerikanischen Interventionismus abgrenzt. Unter diesem Blickwinkel ist auch das neurechte Verhältnis zur Sowjetunion einzuschätzen.

Die Einschätzung der Sowjetunion ist von dem Grundgedanken geprägt, daß man »zwischen den Volksgemeinschaften und den sie lenkenden Systemen unterscheiden«[77] müsse. In der Tradition der »Ostorientierung« eines Teils der »Konservativen Revolution« (Niekisch) konstruiert man einen Gegensatz zwischen dem »russischen Volkscharakter«, der aus dem »Syndrom« der »slawischen« Menschen hergeleitet wird, und dem herrschenden kommunistischen »System«, das aus der »Überfremdung« durch den »westlichen« Marxismus und »asiatischen Despotismus« entstanden sei.

Die Sowjetunion ist also grundsätzlich »befreiungsnationalistisch« revolutionierbar, da sie aus einer Vielzahl »gewachsener« und mit dem Territorium verwachsener Völker besteht, deren »nationale Identität« nur durch den Kommunismus »überfremdet«, aber keineswegs in der Substanz zerstört ist. Die Behauptung, »daß die organische Bestimmungsgröße dem ideologischen Index stets überlegen ist«[78], sieht die »Neue Rechte« gerade in der Sowjetunion vielfach belegt, »denn die meisten Folgen, die der Russe aus einer Ideologie ableitet, sind nicht marxistischer, sondern russischer Natur.«[79]

Demzufolge erscheint es der »Neuen Rechten« wahrscheinlich, daß sich der Vielvölkerstaat Sowjetunion in absehbarer Zeit von der »fremden« Ideologie des Marxismus »befreien« und durch eine Renaissance des Nationalbewußtseins in seine ethnischen Bestandteile zerlegen wird. Man konstatiert »das Absterben und Verschwinden des Marxismus überall in Osteuropa, die Köpfe der Herrschenden der Sowjetunion nicht ausgeschlossen«[80], und das Aufkommen von nationalistischen Bewegungen in verschiedenen Volksgruppen, die als »russische Neue Rechte« zusammengefaßt werden.

Daraus ergibt sich für die »Neue Rechte« ein gemeinsames Interesse der Völker der Sowjetunion und der europäischen Völker in ihrem Kampf gegen eine »fremde« Ideologie zur Wiedererlangung der »nationalen Identität« durch Rückbesinnung auf die »ursprünglichen« Werte.

Diese »ursprünglichen« Werte, die »Eigenart« oder das »Syndrom« der osteuropäischen und in der Sowjetunion lebenden Völker erscheinen der »Neuen Rechten« durchaus positiv »(zum Beispiel polemologische [= kriegerische – M. K.] Lebensauffassung, Eroberungsdrang, Sinn für Selbstüberwindung, Disziplin und so weiter)«[81] und darüber hinaus »gänzlich mit der europäischen Geschichte und dem europäischen Schicksal verwoben.«[82]

Über den Sturz des sozialistischen Systems in der Sowjetunion hinaus erhebt die »Neue Rechte« einen impliziten europäischen Herrschaftsanspruch über die »Slawen«, den sie mit einer »Verwandtschaft« der »europäischen« und »slawischen« Völker begründet. Um genauer erkennen zu können, was es mit dieser »Verwandtschaft« auf sich hat, ist es außerordentlich aufschlußreich, sich mit dem vielzitierten »Erbe Dostojewskis« zu befassen, das von der »Neuen Rechten« als Grundlage des Wandels im Osten genannt wird.[83] Die religiöse Tendenz Dostojewskis ist nur insofern wesentlich, als sie sich gegen den Sozialismus wenden läßt. Mehr Gewicht wird auf die Dostojewski zugeschriebene Forderung gelegt, »Abgrenzung gegen den flachen, verfaulten Westen sei Voraussetzung der Rückbesinnung auf die eigenen Werte«[84], wobei unter dem »Westen« in jungkonservativer Tradition der Liberalismus verstanden wird, von dem sich auch Europa befreien muß.

Die eindeutigste Interpretation Dostojewskis und damit den Schlüssel zum Verständnis des neurechten Verhältnisses zur Sowjetunion liefert derjenige jungkonservative Theoretiker, der auch den Begriff des »Westens« für den Liberalismus geprägt hat, Arthur Moeller van den Bruck. In seinem Vorwort zur deutschen Ausgabe von Dostojewskis »Schuld und Sühne«[85] entwickelt Arthur Moeller van den Bruck das »Syndrom« der »slawischen Rasse« und ihre verwandtschaftlichen Zusammenhänge mit Europa als Interpretation von Dostojewski:

Die Slawen seien die »Urrasse« der Germanen als Ausgangspunkt der Völkerwanderung, und zwar derjenige Teil dieser Rasse, der beharrlich und unbeweglich sei, während der vitale, entwicklungsfähige Teil sich aufgemacht hätte, u. a. Europa zu erobern. Demzufolge seien die Slawen dem Boden verbunden, leidensfähig, geduldig, aber von sich aus nicht kriegerisch oder heldisch, und deshalb auch nicht herrschaftsfähig, denn ihr kriegerischer Teil sei ja nach Europa abgewandert. Daher hätten sich die Slawen immer Herrscher von außerhalb geholt, in den letzten Jahrhunderten auch aus Asien, woher der dem Germanentum fremde Despotismus rühre. Erst mit Peter dem Großen hätten sich die Slawen den staatsbildenden Kräften zugewandt, die ihrer eigenen Rasse entsprächen, nämlich dem vitalsten und fortgeschrittensten Teil ihrer Rasse, den Moeller van den Bruck besonders in Holland und Preußen verkörpert sieht. Damit seien jedoch gleichzeitig auch »westerliche Ideen« eingeschleppt worden, mit denen sich Dostojewski auseinandersetzte, indem er seine Hauptfigur Raskolnikow die Grundfrage stellen lasse, ob er ein »Fressender oder ein Gefressener« sei, also die Selbstbehauptung als Grundfrage des Lebens ansehe.

Zwar ist es nicht belegbar, daß sich die »Neue Rechte« auf diese speziellen Ausführungen Moeller van den Brucks bezieht; und nur aus der Tatsache, daß sie ihn in ihre Traditionslinie einbezieht, soll hier auch nicht umstandslos darauf geschlossen werden, daß sie alle seine Theoreme übernommen habe. Dennoch ist diese Theorie insofern aufschlußreich, als sie sich durchaus aus dem Begründungszusammenhang des »Ethnopluralismus« herleiten ließe und gleichzeitig die Frage beantwortet, wieso z. B. Weißrußland »schicksalsmäßig« zu Europa gehört oder warum die »Reichtümer des Ostens« »nur von europäischer Tatkraft und Fähigkeit entwickelt werden«[86] können, Behauptungen, die in neurechten Publikationen wiederholt auftauchen, ohne näher begründet zu werden.

Abschließend bleibt festzuhalten, daß die »Neue Rechte« die Völker der Sowjetunion und Osteuropas ebenso wie die Westeuropas als Opfer der »Überfremdung« durch den »Universalismus« betrachtet und damit als Subjekte eines »befreiungsnationalistischen« Volksaufstandes, der die Prinzipien des »Ehtnopluralismus« zur Durchsetzung bringt. Letztendlich soll diese »Revolutionierung« Osteuropas und der Sowjetunion auf die »natürliche« Unterordnung der »slawischen Völker« unter die Herrschaft des »vitalsten« Teils ihrer Rasse in Westeuropa hinauslaufen.

Nachdem versucht worden ist, den Zusammenhang der neurechten

Ideologie zu entwickeln, stellt sich nun die Frage nach der konkreten Umsetzung des »Ethnopluralismus« als Konzept einer völkischen Neuordnung der Welt.

Kernforderung der »Neuen Rechten« und zugleich Trennungslinie zur »alten« traditionellen Rechten ist die Abkehr vom »engstirnigen« Staatsnationalismus hin zu einem »europäischen Nationalismus«, der »Europa als Schicksalsraum des weißen Mannes begreift.« Entsprechend der neuen rassischen Einteilung der Menschheit in die »drei Großrassen« soll sich der Teil der weißen, »indogermanischen« Rasse, der noch auf seinem ursprünglichen »Territorium« lebt und dessen »genetische Substanz« noch nicht zerstört ist, also der evolutionstheoretisch entwicklungsfähige Kern, zusammenschließen zu einer »Nation«, um seine »Identität« gegen die »raumfremden« Großmächte und deren dem Europäer »wesensfremde« Ideologie zu behaupten. Die »europäische Eigenart« des »Willens zur Macht« wird konkretisiert als Willen zur Großmacht Europa.

III. Zielvorstellung »Nation Europa«

> »Der Tag ist nicht mehr fern, an dem man den aussichtslosen Kampf französischer SS-Soldaten an der Reichskanzlei zu Berlin im Herzen Europas nicht mehr als die letzte Episode der gescheiterten Kollaboration, sondern als die erste der europäischen Zusammenarbeit von morgen betrachten wird.«[87]

Dieses Schlußresümee von Pierre de Pringets Auswertung der französischen Kollaboration mit dem Dritten Reich, deren Scheitern er dem »engstirnigen« Nationalismus des NS-Regimes zuschreibt, zeigt, daß die Zielvorstellung einer »Nation Europa« Tradition hat.* Sie war in ihren Grundzügen bereits in der »Mitteleuropa-Linie« der Teile des deutschen Kapitals angelegt, die nach dem ersten Weltkrieg die Kräfteverhältnisse in der Welt realistischer einschätzten als die Kapitalfraktion der »Katastrophenpolitiker«, die schließlich Hitler in den Sattel hob. Zentrales Anliegen der »Mitteleuropa-Linie« war es, europäische Bündnispartner für den Feldzug gegen die Sowjetunion zu gewinnen, um nicht im Alleingang gegen die ganze Welt zu stehen. Diese Überlegungen bewegten auch die Kreise der »Konservativen Revolution« der Weimarer Zeit um Arthur Moeller van den Bruck, unter den »jungen Völkern« Europas um Bündnispartner zu werben. In seiner Kriegsrechtfertigungsschrift »Das Recht der jungen Völker«[88] definiert Arthur Moeller van den Bruck »Jugend eines Volkstums« als die »Kraft, sich durchzusetzen«, also den »Willen zur Macht« gegen die »Zerstörung der Lebenskraft« durch den Liberalismus, und entwickelt die Idee der »Wiedergeburt« durch Anknüpfen an dem ursprünglichen, »unvergänglichen Erbe«, die heute bei der »Neuen Rechten« eine zentrale Rolle spielt. Hat sich heute die Weltlage verändert und damit auch die möglichen Bündniskonstellationen, so finden sich zumindest die Argumentationsmuster der »Konservativen Revolution« in weiten Teilen unverändert bei den Theoretikern der »Neuen Rechten« wieder.

Aber nicht nur in Deutschland, auch in anderen europäischen Staaten

---

* Eine Tradition, zu der sich die »Neue Rechte« ausdrücklich bekennt, wie z. B. Henning Eichberg, der die »europäisch-antibolschewistischen Verbände der Spätzeit«, d. h. die europäische Waffen-SS, von der Abgrenzung der »Neuen Rechten« vom Dritten Reich ausnimmt. H. Eichberg, Nationalismus ist Fortschritt, in: Nation Europa 1/67, S. 49.

wurden bereits vor dem zweiten Weltkrieg Stimmen laut, die die Vereinigung Europas zur Großmacht forderten. So z. B. der Führer der englischen Faschisten, Sir Oswald Mosley, der bereits 1938 »dem noch unklaren Sehnen der europäischen Jugend wie der zwingenden Notwendigkeit unserer Lage« entsprechen wollte, die Völker Europas zur Großmacht zusammenzuschließen.[89] Sein 1948 erschienenes Buch »Europe – a nation« wurde zur programmatischen Grundlage der seit 1951 in Coburg erscheinenden Monatsschrift »Nation Europa«, um deren Herausgeber Arthur Erhard sich in den sechziger Jahren die späteren »Wortführer der Neuen Rechten« sammelten und den Günther Bartsch den »Abendroth der Neuen Rechten« nennt.*

Die Forderung der »Neuen Rechten« nach einem Zusammenschluß der Völker Europas leitet sich aus der Bedrohung der »europäischen Identität« durch die Fremdherrschaft der »Supermächte« her, deren »Universalismus« die Ursache für die tiefgreifende Krise Europas ist.

»Angelpunkt der gegenwärtigen Probleme ist die Vorherrschaft der multinationalen Systeme des Liberalkapitalismus und des Staatskapitalismus unter Führung der imperialistischen Supermächte USA und UdSSR.«[90]

Jedoch sei Europa nicht nur »überfremdet« von Liberalismus und Kommunismus, sondern seit 1945 von den staatlichen Trägern des Egalitarismus besetzt und geteilt. Diese »aus der in Jalta neugegründeten Weltordnung« hervorgegangene Spaltung müsse überwunden werden und Europa wieder vereinigt werden, wenn es seine Identität und Freiheit wiedergewinnen wolle.

»Infolge der Aufteilung der Welt in Jalta 1945 durch das Emporkommen der Supermächte in zwei Machtsphären, durch die Emanzipation der Dritten Welt und das Aufsteigen Japans und Chinas ist Europa aus seiner tonangebenden Rolle im Konzert der Völker weit zurückgefallen. In Gefahr, zwischen den Blöcken zerrieben, von anderen Völkern überflügelt, vom Weltmarkt durch bessere Produkte,

---

* G. Bartsch, a. a. O., S. 95/96. Die späteren »Wortführer der Neuen Rechten«, die bis Mitte der siebziger Jahre die Diskussion um den »Neuen Nationalismus« in »Nation Europa« bestimmten, sind u. a.:
- Henning Eichberg (Pseudonym: Hartwig Singer, Thorsten Sievers)
- Lothar Penz (Pseudonym: Robert Junker)
- Michael Meinrad (Pseudonym: Uwe Michael)
- Gerd Waldmann
- Sven Thomas Frank (Pseudonym: Alexander Epstein)
- Wolfgang Strauss
- Fritz Joß (Pseudonym: Sarnau)

höhere Arbeitsmoral, Leistungsbereitschaft und Genügsamkeit verdrängt zu werden, durch Geburtenrückgang bei Bevölkerungsexplosion anderer Länder zu überaltern, gleichwohl durch Hereinfluten fremdländischer Gastarbeiter und nicht endender fremdrassiger, unintegrierbarer Flüchtlingsströme überschwemmt und kulturell vor allem durch amerikanische und kommunistische Einflüsse desorientiert zu werden.«[91]

Dies ist die aktuelle Version des von Oswald Spengler schon in den zwanziger Jahren prophezeiten »Untergang des Abendlandes«, verursacht durch den Verlust der »europäischen Identität«, die ja, wie wir gesehen haben, allein den Europäer zu höchsten Leistungen auf dem Gebiet von Wissenschaft und Technik befähigt, ebenso wie nur die europäische »Identität« den »Willen zur Macht« und den Eroberungsdrang beinhaltet. Demzufolge gibt es nur einen Weg, um zu verhindern, daß Europa von anderen Völkern, denen diese Qualitäten »ursprünglich« gar nicht eigen sind, überrannt wird: Die außenpolitisch durch Besetzung und Spaltung, innenpolitisch durch »Überfremdung« zerstörte »nationale Identität« der europäischen Völker muß wieder hergestellt werden, es muß zu einer »europäischen Wiedergeburt« kommen.

Außenpolitisch bedeutet das eine Auflösung der beiden europäischen »Blöcke« und vollständige Loslösung von den »Fremdmächten« USA und UdSSR, um Europa zwischen ihnen als »dritten Weg« zu installieren, als »eine eigenständige, unabhängige, eigenwillige und unumstritten selbständige Macht (...), und zwar mit allen möglichen Mitteln.«[92]

Zu diesem Ziel müssen zunächst nicht nur die beiden Machtblöcke, sondern auch die bestehenden Staaten aufgelöst und eine »Neustrukturierung der Landkarte nach ethnischen Kriterien« vorgenommen werden, da es in Europa keinen Staat gebe, der in seinen Grenzen nicht mindestens eine unterdrückte ethnische Minderheit habe. Solange dieses Problem nicht gelöst sei, gäbe es keine Möglichkeit, die zu einer »umfassenden Wiedergeburt« notwendigen »gewaltigen Kräfte« der europäischen Völker zu mobilisieren, denn:

»Die organisatorische Zusammenfassung eines Volkes in einem gemeinsamen Staat ist die unerläßliche Voraussetzung für die Identtifizierung der Individuen mit einer deutlich abgrenzbaren, auf dauernden Bestand ausgerichteten menschlichen Gemeinschaft. (...) Die integrative Kraft des Nationalismus begünstigt eine breite Politisierung und Aktivierung des Volkes.«[93]

Einzige Ausnahme bezüglich der ethnischen Minderheiten bilde das deutsche Volk, das seine »nationale Identität« durch Zersplitterung verloren habe:

»Die deutschen Teilstaaten BRD, DDR und Österreich sind das Ergebnis imperialistischer Politik der Besatzungsmächte nach dem Zweiten Weltkrieg. Sie sind unter Mißachtung des Selbstbestimmungsrechtes unseres Volkes geschaffen worden . . .«[94]

Daher ist die erste Etappe auf dem Weg zu einer »Nation Europa« die »Neuschaffung Deutschlands« durch einen »befreiungsnationalistischen Bewußtseinsprozeß« und den »Abzug der Besatzungstruppen in Ost und West.«

1. »Neuschaffung Deutschlands«

Deutschland als neu zu bildende »Kernnation« spielt eine wesentliche Rolle im Hinblick auf das Ziel eines vereinigten Großeuropa als »die unerläßliche Bedingung zum politischen Wiederaufbau Europas, zu seiner kulturellen Wiedergeburt, zu den Bestimmungsfaktoren seiner Macht und Freiheit.«[95]

Deutschland fungiert in der neurechten Ideologie zugleich als Symbol und als konkreter Beginn der »europäischen Wiedergeburt«, als anfeuerndes Beispiel für alle anderen Nationen. Zum einen ist das deutsche Volk seit 1945 vom Vorwurf des »Imperialismus« in seiner völkischen Bedeutung unberührt, denn es unterdrückt in seinen eigenen Staatsgebieten keine »verwurzelten ethnischen Minderheiten« und hat sich zumindest nicht direkt an militärischen Interventionen in einem anderen Land beteiligt. Im Gegenteil ist das deutsche Volk selbst (unschuldiges?) Opfer des Imperialismus der beiden »Supermächte«:

»Die Annektion des von Deutschen besiedelten Gebiets östlich der Oder und Neiße sowie des mehrheitlich deutschsprachigen Sudetenlandes war ein Akt imperialistischer Gewaltpolitik, der auch durch die vorhergegangenen Greueltaten des Hitler-Faschismus in Polen, der ČSSR und der UdSSR keine Rechtfertigung erfährt.«[96]

So erscheint es nur recht und billig und von keinem Verdacht des Revanchismus getrübt, wenn das deutsche Volk eine Aufhebung des erlittenen Unrechts anstrebt und das Selbstbestimmungsrecht für sich selbst fordert, das doch gerade die Linken jedem Volk in Afrika oder Südamerika zu erkämpfen bereit sind.

Zum Zweiten wird die Teilung Deutschlands zum Symbol der

Teilung Europas, von der die »Deutschen« am härtesten betroffen sind, gehören doch alle anderen Nationen als Ganzes zum einen oder anderen »Block«. Aus der völkischen Weltsicht ist dem deutschen Volk das »Lebensrecht« verweigert, kann doch kein Deutscher ein sinnvolles, selbstbestimmtes Leben führen, solange durch die Teilung des Volkes Identifikation, »organische Zugehörigkeit« usw. unmöglich gemacht werden. So wird das »Lebensbedürfnis« der Deutschen zum Symbol für das Selbstbestimmungsrecht Europas:

»Die Geopolitiker nennen Europa das Herzland, das Zentrum der Welt; dieses Reich der Mitte wird aber auseinandergenommen: zertrennt im sowjetischen Osten, satellisiert im amerikanischen Westen. Und mitten in diesem Reich der Mitte befindet sich eine ebenfalls auseinandergenommene Nation: Deutschland. Und mitten in dieser Nation eine ebenfalls auseinandergenommene Stadt: Berlin! Und mitten in dieser Stadt: Die Schande! Die Mauer als Denkmal unserer Schande und unseres Ärgernisses.«[97]

Nachdem so Berlin unversehens zum Zentrum der Welt geworden ist, fungiert das deutsche Volk unter Anknüpfung an das Bild vom deutschen Nationalcharakter und an die mythische Reichsidee als idealisiertes Gegenbild zu den anonymen »Systemen«, denn »Sich als Deutscher im Europa des 20. Jahrhunderts zu behaupten ist die großartige Herausforderung, die im 21. Jahrhundert an Isoldes heilige Liebe, Fausts tragischen Willen, Mozarts ewiges Genie anknüpfen muß.«[98]

Aus dieser Vorbild- und Symbolfunktion Deutschlands für die völkische Neuordnung Europas erklärt sich auch das scheinbare Paradoxon, daß französische, belgische, holländische Nationalisten mit glühendem Pathos für die »Neuschaffung Deutschlands« plädieren, als hätten sie ihre Erfahrungen in zwei Weltkriegen mit dem »Großdeutschen Reich« schon vergessen.

Sollte die »Neuschaffung Deutschlands« als Vorbild für eine »organische Gesellschaft, die von Natur aus wagnisvoll ist und eine mobilisierende Wirkung ausübt«[99], und darin eingeschlossen das Herausbrechen der DDR aus der sozialistischen Staatengemeinschaft, gelingen, hätte das in der Tat eine mobilisierende Wirkung auf die antikommunistischen Kräfte in den sozialistischen Staaten. Damit wäre ein wichtiger Schritt getan zur zweiten Etappe der Errichtung der »Nation Europa«, nämlich der »Dekolonisierung Osteuropas«.

Allerdings geht im Gegensatz zu dieser propagandistischen Überhöhung der deutschen »Neuschaffung« das strategische Kalkül der »Neuen Rechten« zunächst von der Vereinigung Westeuropas aus, um dadurch ein »Kraftfeld« zu schaffen, das die Basis für eine offensive Osteuropa-Politik bilden soll. Ähnlich dem Adenauerschen Ziel, durch die Westeinbindung der BRD nach dem Zweiten Weltkrieg eine machtpolitische Grundlage für die Durchsetzung der »Wiedervereinigung in Freiheit« herzustellen, soll ein »vereinigtes Resteuropa« das Machtzentrum bilden, von dem aus die »Befreiung« der DDR und Osteuropas in die Wege geleitet wird. »Erst aus einem kraftvollen Resteuropa könnte auch die geistige Besinnung wachsen, auf die die Völker der Welt warten.«[100]

Auch bei diesem Kalkül kommt die Bundesrepublik als ökonomisch, politisch und militärisch führender Macht in Westeuropa eine zentrale Bedeutung zu, die sich deckt mit der Symbol- und Vorbildfunktion »Deutschlands« als Hauptträger der »Befreiung« Osteuropas von der sowjetischen »Fremdherrschaft«.

2. »Dekolonisierung Osteuropas«

Mehr noch als der westliche Teil erscheint der »Neuen Rechten« Osteuropa als ein »Völkergefängnis«, in dem die »nationale Identität« der Völker nicht nur kulturell und wirtschaftlich, sondern auch politisch und militärisch unterdrückt wird.

Die geistige Ursache für die gewaltsame Verweigerung des »Selbstbestimmungsrechtes« der ethnischen Gruppen sieht die »Neue Rechte« in der Ideologie des Kommunismus. Der Kommunismus wolle die Gleichheit, die Christentum und Liberalismus nur auf einer abstrakten Ebene verheißen, tatsächlich verwirklichen. Die Gleichheit widerspreche aber den Naturtatsachen des je unterschiedlichen »Syndroms« eines Volkes und der notwendig verschiedenen Erbanlagen des einzelnen. Indem Marx diese natürliche Ungleichheit verkannt habe und die Ungleichheit der Menschen auf den sozialen Umstand der Klassenspaltung zurückführte, sei ihm der Nationalismus als Verwirklichung der je unterschiedlichen Anlagen der Völker und Menschen als »bürgerlich« und mit der Aufhebung der Klassenspaltung hinfällig erschienen.

»Der Marxismus war schon 1914 bankrott, als sich herausstellte, daß die Nationalität stärker war als das Klassenbewußtsein, als die Massen der französischen, deutschen und britischen Arbeiter in den Krieg zogen, mit einem Enthusiasmus, der die blassen Prediger des internationalen Sozialismus in Verwirrung und Verzweiflung stürzte.«[101]

Mit dieser Tatsache vor Augen habe Lenin die Bedeutung des

Nationalismus durchaus erkannt und das Prinzip der Selbstbestimmung entwickelt, jedoch aus Gründen der Machterhaltung seiner Partei preisgegeben. So sei die Sowjetunion zu einem »Kolonialimperium« geworden, der Marxismus wurde zum »ideologischen Mittel russischer Großmachtpolitik.«

Im Gegensatz zu dem künstlichen Gebilde USA lebten jedoch im Osten nach wie vor »Völker«, deren »genetische Substanz« durch den Kommunismus nicht zerstört worden sei. »Jede Nation in Osteuropa ist deshalb unvermeidlicherweise geteilt – zwischen einer Regierung mit ihrer Armee und einer Polizei und einem Volk in passiver Revolte, . . .«[102]

Aufgrund dieser »inneren Spaltung« des Ostens unterscheidet die »Neue Rechte« zwischen der »Sowjetunion« bzw. dem »Bolschewismus« als Bezeichnung des »lebensfeindlichen« herrschenden »Systems«, das aus »westlerischem« Kommunismus und »asiatischem Despotismus« besteht, und »Rußland« als Begriff für das russische Volk, das ebenso wie das georgische, ukrainische, armenische Volk vom »System« unterdrückt wird.

In diesem Punkt gibt es allerdings unterschiedliche Auffassungen innerhalb der »Neuen Rechten«. Alain de Benoist hält diese Unterscheidung nicht mehr für zulässig, da die Regierungsform auf die Dauer auch das Volk forme.[103] Dagegen verlegt sich die bundesdeutsche »Neue Rechte« mehr darauf, Symptome dafür zu finden, daß die kommunistischen Regierungen und Parteien vom stärkeren und beständigeren »Nationalcharakter« bereits so »unterwandert« oder überformt seien, daß es nur noch ein kleiner Schritt zu »tiefgreifenden Entwicklungen« sei.

Diese Entwicklungen stellt sich die »Neue Rechte« in Form einer »Dritten Revolution« vor, dem »Aufstand der Jugend in beiden Teilen Europas im Doppelzeichen von Nationalismus und Sozialismus.«[104] Den Begriff der »Dritten Revolution« prägte ebenso wie den des »Befreiungsnationalismus« der »Ostexperte« Wolfgang Strauss, ein Hinweis darauf, daß das Schwergewicht des nationalrevolutionären Kampfes zur Errichtung einer »entsprechenden Ordnung für den ethnischen Pluralismus der Menschheit« auf der »Revolutionierung« Osteuropas liegt. Dem Westen kommt dabei eine komplementäre Unterstützungsfunktion zu.

Die Richtigkeit ihrer Theorie der »inneren Spaltung« und des Primats der »nationalen Identität« sieht die »Neue Rechte« seit Bestehen der Sowjetunion immer wieder bestätigt. »Strauss sprach von einer ›permanenten Revolution der Nationen‹, die mit dem Befreiungskrieg der Ukrainer unter Petlura bereits kurz nach dem Oktoberumsturz eingesetzt und sich inzwischen auf alle von Moskau beherrschten Länder ausgedehnt hat.«[105]

Jüngste Anzeichen für eine »osteuropäische Wiedergeburt« seien die »Solidarnosc« in Polen und das Aufkommen von »Neuen Rechten« oder auch »Neo-Slawophilen« in der Sowjetunion, die die Rückkehr zu den »russischen Quellen« forderten und bis in die Regierung hinein verankert seien.

»Wir haben eine Mischung der Psychologie Asiens und der Kultur Europas und kehren jetzt langsam zu unseren russischen Quellen zurück. (...) Wenn das China-Problem nicht wäre, würden wir es noch offener tun. Aber die Chinesen zwingen unsere Führung, ihre marxistische Ideologie zu verteidigen.«[106]

Diese Erscheinungen werden von der »Neuen Rechten« als »östlicher Arm« ihrer nationalrevolutionären Bewegung begrüßt, denn sie unterscheiden sich in ihren ideologischen und politischen Grundsätzen nicht von »den rechten Richtungen anderer Völker und Zeiten.« Außerdem verspricht man sich von der »russischen Neuen Rechten« eine mobilisierende Wirkung auf andere nationalistische Kräfte und damit eine Eskalation des »Nationalitätenproblems«, das die Sowjetunion schließlich sprengen muß. Es besteht für die »Neue Rechte« kein Zweifel daran, »daß nationalistische Russophilie unausweichlich den Nationalismus der nicht-russischen Völker in der Sowjetunion anheizen wird, der ohnehin schon seine zentrifugalen Kräfte bemerkbar macht.«[107]

Bleibt eigentlich nur noch die Frage, warum der allenthalben zu beobachtende »Völkerfrühling« in Osteuropa nicht schon längst zum Sturz der »westlerischen« und »asiatischen« Regime und zur Errichtung einer völkischen Ordnung gemäß der jeweiligen »nationalen Identität« geführt hat.

»Wenn sie (die nationale Revolution – M. K.) bisher scheiterte, so vor allem deshalb, weil ein revolutionäres Ziel mit unrevolutionären Mitteln (Prototyp Streik) angestrebt wurde. Besonders fehlte es an Waffen, Munition, Funkgeräten und Transportmitteln.«[108]

Dies zu ändern und der »nationalen Befreiungsaktion« zu den Mitteln ihrer Durchsetzung zu verhelfen ist eine der Aufgaben der »Solidarität« der westlichen Nationalrevolutionäre, wie Wolfgang Strauss auch Lech Walesa empfiehlt, sich zu fragen, wie weit ihn die »Gewaltfreiheit« bisher gebracht habe. Wenn die Völker Osteuropas sich die »ungarische Revolution« vom Herbst 1956 zum Vorbild nähmen und »die permanente Revolution der ihres Selbstbestimmungsrechtes beraubten Völker synchronisiert und in ihren Schlägen gegen den unterdrückerischen Staatskommunismus zeitlich aufeinander abgestimmt«[109] würden, dann stünde der »Dekolonisierung Osteuropas« nichts mehr im Wege.

Solange konkrete militärische Aktionen noch nicht anstehen, setzt die westdeutsche »Neue Rechte« auf ideologische Einflußnahme über Kontakte mit sogenannten »Dissidenten« oder über Emigrantenorganisationen. So wirbt z. B. Hartwig Singer (= H. Eichberg) für die Unterstützung des »Bundes russischer Solidaristen« (NTS). Dieser unterhält in Frankfurt/M. einen Verlag, der »oppositionelle Texte« in die Sowjetunion schafft. Aufgabe der bundesdeutschen Nationalrevolutionäre sei es, zu verhindern, daß solche Organisationen dem »Anpassungskurs der Bonner Regierung« zum Opfer fielen und emigrieren müßten, also in der BRD ein Klima zu schaffen bzw. zu erhalten, das die Diversionsbemühungen in den sozialistischen Staaten unterstützt.[110]

Gleichzeitig dient die Schaffung bzw. Erhaltung dieses Klimas der Veränderung der Verhältnisse in den westeuropäischen Staaten in Richtung auf die »Neustrukturierung der Landkarte nach ethnischen Kriterien«, um so das antikommunistische »Kraftfeld« zu konstituieren.

3. »Neustrukturierung Westeuropas«

Zum Zwecke der Umstrukturierung Westeuropas greift die »Neue Rechte« vor allem auf die These Antonio Gramscis zurück, wonach in hochentwickelten Gesellschaften die politische Macht nur über die Gewinnung der »kulturellen Hegemonie«, als die von Intellektuellen geleitete revolutionäre Veränderung des gesellschaftlichen Bewußtseins zu erlangen sei.

»Man kann nämlich keinen politischen Apparat umstürzen, ohne sich zuvor die kulturelle Macht gesichert zu haben, von der letzten Endes die politische Macht abhängt. Man muß zunächst die Zustimmung des Volkes gewinnen.«[111]

Zwar kann gerade das »zunächst« als Angabe eines nur ersten Schrittes gewertet werden, dem nach Erlangung der »kulturellen Hegemonie« mit Sicherheit der Sturz des »politischen Apparats« folgen soll, aber es liegt dieser Strategie auch eine Einschätzung der Lage in Westeuropa zugrunde, die sich grundsätzlich von der in Osteuropa unterscheidet.

Das aus der neurechten völkischen Weltsicht abgeleitete Doppelfeindbild der beiden »Supermächte«, die gemeinsam den Status-quo der europäischen Teilung in gegenseitigem Einvernehmen aufrechterhalten, kann anhand der Realität der Europapolitik der USA nicht durchgehalten werden. So legte z. B. der US-Vizepräsident Bush dar, »daß die Teilung Europas historisch und kulturell gesehen nur fiktiv sein könne. In Wirklichkeit sei Osteuropa (. . .) in seiner ›Vielfalt und Komplexität‹ stets ein Teil des ›europäischen Hauptstroms‹ gewesen (. . .). Bush hob hervor, daß die USA keine ›rechtmäßige Teilung‹ Europas anerkennen . . .«[112]

So ist zumindest für die Pläne einer »Dekolonisierung Osteuropas« kein Widerstand seitens der USA zu erwarten.

Hindernisse für ein »ethnopluralistisches Europa« sind im Westen vielmehr die bestehenden »zentralistischen« Staatengebilde und deren Festhalten an nationalen Interessen und Vorteilen anstelle eines gesamteuropäischen Konzepts. Diesem traditionellen »Staatsnationalismus« hat die »Neue Rechte« in erster Linie den Kampf angesagt, denn »ein neuer Staatsnationalismus auf unserem Kontinent wäre ohne zukunftsweisende Idee, würde nur die Nationen zu neuem Konkurrenzkampf zwingen und dadurch zur endgültigen Zerstörung Europas führen. Dann könnten kontinentfremde Mächte Europa endgültig beherrschen.«[114]

Mehr Gewicht als auf die globalpolitische Argumentation legt die »Neue Rechte« auf die Kritik bestehender Staaten aus »ethnopluralistischer« Sicht, da diese nicht durch das »Territorium« eines Volkes abgegrenzt sind, sondern lediglich »Wirtschaftsräume« darstellen, »die den Gesetzmäßigkeiten des Managements und des Marketings unterworfen sind.« Demzufolge kann man sich mit diesen »Wirtschaftszonen« auch nicht identifizieren wie mit einem durch das »Volk« abgegrenzten »Raum«, der Mensch werde »entwurzelt«, »gehört nicht mehr einem Ort, einer Herkunft, einer Geschichte und somit einer Kultur, einem Schicksal und einer Macht an.«[115] Ohne diese »organische Zugehörigkeit« jedoch ist die menschliche und nationale »Identität« ihrer Grundlage beraubt, kann daher die »Rückbesinnung« und »Wiedergeburt« Europas nicht stattfinden.

Hinzu kommt, daß diese den Völkern »entfremdeten Wirtschaftszonen« noch nicht einmal den ursprünglichen Volksterritorien entsprächen, sondern daß fast jeder moderne Nationalstaat in seinen Grenzen eine oder mehrere »ethnische Minderheiten« beherberge. Der Staat sei in seinem Bestreben nach Erhalt der Einheit ständig gezwungen, diese ethnischen Minderheiten zu assimilieren, ihre

Eigenständigkeit zu unterdrücken und damit ihre »Identität« zu zerstören.

Dem alten »zentralistischen« Nation-Begriff setzt die »Neue Rechte« ihren »europäischen Nationalismus« entgegen. »Er ruht auf dem Volksbewußtsein, verlangt aber gleichzeitig ein europäisches Bewußtsein, das Europa als Schicksalsraum des weißen Mannes begreift.«[116]

Zur Wiederherstellung des »Volksbewußtseins« als Bewußtwerdung seiner je besonderen »Eigenart« propagiert die »Neue Rechte« den »Regionalismus, gemeint: überschaubare Wirtschaftsräume, Kulturlandschaften, Stammesbereiche.« »Denn regionales, landschaftliches, stammesgebundenes Eigenleben als Gegensatz zur schematisierenden und nivellierenden Tendenz der großen Zentralstaaten«[117] konstituiert jenes »Heimatbewußtsein«, das den ersten Ansatzpunkt des »Befreiungsnationalismus« darstellt.

Aus diesem Grund fordert die »Neue Rechte« die Zerlegung der Nationalstaaten in ihre ethnischen Bestandteile. Mit dieser Forderung wendet sie sich vor allem an die regionalistischen und seperatistischen Bewegungen in West-Europa, Bretonen, Basken, Flamen, Wallonen, Iren usw., die ihr als geeigneter Ansatzpunkt zur Umsetzung der Neustrukturierung Europas erscheinen, da es ihrem bereits erwachten »Heimatbewußtsein« nur noch die großeuropäische Idee hinzuzufügen gilt.

»Denn wenn je ein vereintes Europa zustande kommt, dann wird es nicht nach überholten, mit imperialistischen Zwangsmitteln arbeitenden vielvölkischen Staatsnationen aufgegliedert sein, sondern nach Völkern, Sprach- und Kultureinheiten: (. . .). Gerade weil sie auf ein solches Europa hoffen, ja nur in einem solchen Europa sich verwirklichen können, sind die ›Seperatisten‹ aller Art in Europa zumeist glühende Europäer.«[118]

Gerade dies Herangehen an seperatistische Bewegungen zeigt die Vorteile der »Neuen Rechten« gegenüber den Schwierigkeiten der traditionellen Rechten auf. Zum einen erlaubt ihnen der »Ethnopluralismus«, sich hinter alle irgendwie regional oder national ausgerichteten Bewegungen zu stellen, ohne sich in Widersprüche zu verwickeln. Zum anderen zeigt die »Neue Rechte« keinerlei Berührungsängste vor von »Linken« besetzten Problemfeldern, sondern macht sich im Gegenteil gezielt daran, auch in den seperatistischen Bewegungen die »linke Vorherrschaft« zu brechen, d. h. jeglichem demokratischen Anspruch in solchen Bewegungen ein Ende zu machen. Neben ihrem Modell eines »Europa der Stämme« dient ihnen dazu die Verknüpfung der Gegnerschaft gegen den zentralistischen Staat mit ihrem Kampf gegen die Ideen der französischen Revolution und der Aufklärung, war es doch die französische Revolution, die Frankreich in Departements zerschnitt, damit die Macht der Zentralregierung stärkte und den »Egalitarismus« installierte, der den Völkern das Recht auf ihre eigene Kultur raubte.

Natürlich stellt die Zerlegung der europäischen Staaten in ihre ethnischen Bestandteile ebenso wie die »Dekolonisierung Osteuropas« nur einen Zwischenschritt zur Errichtung der »Nation Europa« dar, der der Bewußtwerdung der »nationalen Identität« und dem Erwachen des »Befreiungsnationalismus« dient.

»Denn erst die Erkenntnis und Anerkenntnis der völkischen und kulturellen Vielfalt und Vielgestalt der europäischen Nationen, Verständnis und Achtung für die anderen Volkspersönlichkeiten in ihrer Eigenart und ihrem Eigenwert ermöglichen ja den Zusammenklang, den ein mit sich selbst identisches Europa braucht.«[119]

Diskret verschwiegen wird in diesem Zusammenhang, daß sich unter diesen Formen nach dem »Lebenskampf«-Prinzip »natürlich« die ökonomisch mächtigsten Zentren mit ihren herrschenden Gruppen durchsetzen werden, allen voran das westdeutsche Kapital. Dieses weder außen- noch innenpolitisch offen aussprechbare Ziel verbirgt sich hinter der Rückgewinnung der »nationalen Identität«, der Zugehörigkeit zu einer »geschlossenen ethnischen Gemeinschaft«, die erst die »Mobilisierung und Politisierung des Volkes« ermöglicht, die Erkenntnis eigener Werte als Voraussetzung für die Bereitschaft ihrer Verteidigung, der »Selbstbehauptung«. Daher sei dieser Zwischenschritt notwendig, um den »Willen zur Selbstbehauptung« zu mobilisieren zur Verteidigung des »Schicksalsraums des weißen Mannes« gegen das »System von Jalta und Potsdam«, gegen die Mächte des »Universalismus« USA und UdSSR. Gerade zu dieser »Selbstbehauptung« bedarf es jedoch des Zusammenschlusses der Völker zu einem Großeuropa, denn »Kleinstvölker mit Eigenstaatlichkeit sind in der modernen, durch Technisierung großräumig gewordenen Welt politisch nicht lebensfähig.«[120]

4. Konstruktion eines Groß-Europa

Die Begründung der Notwendigkeit eines »Bundes europäischer Völker« auf der Grundlage des neuen »europäischen Nationalismus« erfolgt auf verschiedenen Ebenen.

Auf der politischen Ebene ergibt sich die Begründung der »Nation Europa« aus einer Einschätzung der Weltlage, die ja durchaus nicht nur von der »Neuen Rechten« dahingehend interpretiert wird, daß nur die europäische Einigung verhindern kann, von »raumfremden Mächten an die Peripherie des Geschehens gedrückt« zu werden.

»Zu Beginn unseres Jahrhunderts beherrschte die britische Flotte noch alle Weltmeere, war London das Zentrum des Welthandels, gab es keinen Einspruch gegen die reichen Besitzungen der europäischen Staaten in allen Teilen der Welt, bildeten die europäischen Hauptstädte das unbestrittene Zentrum der Weltpolitik (. . .). Es lohnt sich fürwahr darüber nachzudenken, was alles an europäischen Positionen verlorenging, weil man die deutsch-französische Spannung, die britisch-deutsche Rivalität allzuwichtig nahm und darüber zwei Weltkriege entbrennen (. . .) ließ.«[121]

Die Feststellung, daß die europäischen »Bruderkriege« Europa um die Weltherrschaft gebracht haben, zusammen mit den aktuellen Problemen der EG-Staaten, die gegen die amerikanische und japanische Konkurrenz kaum an Boden gewinnen können, solange sie nicht einheitlich vorgehen, ergibt zwingende Gründe genug für die Schaffung der »Nation Europa«.

Jedoch bekennen sich die meisten Gruppen der »Neuen Rechten« zumindest nicht direkt zu expansionistischen Zielen eines Großeuropa, geht es doch nur um die Durchsetzung des »Selbstbestimmungsrechtes der Völker« gegen den »Totalitarismus«, wozu es ebenso des Zusammenschlusses der Völker Europas bedarf:

»Ich meine einfach, daß die großen Imperialisten, Sowjets oder Amerikaner, alles Interesse haben, zu teilen und zu herrschen und daß ein kleiner bretonischer oder korsischer Staat eine verdammt leichte Beute für diejenigen werden könnte, die seit 1945 die Welt zu teilen sich bemühen.«[122]

Mehr Gewicht als auf diese naheliegenden politischen Schlußfolgerungen legt die »Neue Rechte« auf die »blutsmäßige Verwandtschaft« der europäischen Völker und das gemeinsame »Schicksal«, worunter nicht, wie im allgemeinen Sprachgebrauch, die gemeinsame Notlage verstanden wird, sondern eben die aus Kultur, Geschichte und »Identität« sich ergebende »Sendung« als Aufgabe und Lebensgrund eines Volkes.

Unter Bezugnahme auf Drieu la Rochelle konkretisiert Pierre Krebs die geschichtliche Sendung Europas in der Schaffung einer Alternative zur »egalitären durchmerkantilisierten Gesellschaft«, die kein Ideal mehr aufzuweisen habe und deshalb dahinsterbe. Dagegen hält er es für wünschenswert, »daß Europa eine mögliche Antwort darstellt für uns, Einwohner des geographischen Europa, Mitglieder einer ethnokulturellen Gemeinschaft, die durch Jahrtausende Geschichte ausgestaltet wurde (...) Schmelztiegel einer eigentümlichen Kultur und Zivilisation, die die Völker nahezu aller europäischen Nationen miteinander verbindet.«[123]

»Sendung« Europas sei es, die Welt zu erneuern durch eine »kulturelle Renaissance«, die Wiederentdeckung der »europäischen Mythen und Traditionen«. Diese Erneuerung könne nur von Europa ausgehen, denn nur Europa sei noch »kulturelle Heimat«, besäße noch »organische Werte« und »volkliche Identitäten«, könne daher »das Aufkommen des organischen, verwurzelten und aristokratischen Menschen begünstigen.« Voraussetzung dafür sei allerdings Europas Einheit, denn die europäischen Regierungen hätten den »Sinn für Großpolitik« verloren.

»Von seiner Einheit hängt in der Tat unumgänglich seine Zukunft ab. Nietzsches Stimme wird über allen Tumulten und über allem Geschwätz laut, die prophetische Stimme einer ehernen Zukunft: ›(...) daß Europa sich entschließen müßte, gleichermaßen bedrohlich zu werden, nämlich einen Willen zu bekommen, durch das Mittel einer neuen, über Europa herrschenden Kaste, einen langen, furchtbar eigenen Willen. (...) Die Zeit für kleine Politik ist vorbei: schon das nächste Jahrhundert bringt den Kampf um die Erd-Herrschaft – den Zwang zur großen Politik‹.«[124]

Nachdem Nietzsches donnernde Stimme verhallt ist, bleibt die Frage, wer denn die »herrschende Kaste« sein wird, die den »Kampf um die Erd-Herrschaft« doch noch für Europa entscheiden soll. Faktisch kann es sich nur um einen Zusammenschluß der ökonomisch mächtigsten Gruppen handeln, die, gestützt auf ein von ihnen beherrschtes Großeuropa, noch einmal den Kampf um die imperialistische Neuaufteilung der Welt aufnehmen. Explizit wird man diese »Zukunftsvision« bei der »Neuen Rechten« natürlich nicht finden, denn über »Herrschaft« spricht man nicht mehr gerne, wenn man dem »Eigenwert jedes Volkes« zur Durchsetzung verhelfen möchte. Die Programme der neurechten Gruppen geben keinerlei Auskunft darüber, wie es nach der »befreiungsnationalistischen« Sprengung der »Blöcke« weitergehen soll, wer die Führung des »Bundes europäischer Völker« übernehmen soll.

Etwas deutlicher, allerdings nur in bezug auf die Länder, in denen diese »herrschende Kaste« hauptsächlich angesiedelt ist, ist da die französische »Nouvelle Droite«, die in ihre Deutschland-Verehrung auch die gemeinsame Geschichte Deutschlands und Frankreichs im »Reich von Charlemagne« einbezieht. Alain de Benoist's Bedauern über das Auseinanderbrechen des Karolingerreiches deutet die Richtung für die Zukunft an: Kräfte aus Deutschland und Frankreich müssen wieder zusammenfinden in einem europäischen Imperium nach dem Vorbild des »römisch-germanischen Reiches«. Die »Reichsidee« erscheint Alain de Benoist auch deshalb geeignet, weil ein Reich sich darauf beschränke, die zu ihm gehörenden Nationen zu föderieren, ihnen aber die Autonomie belasse, während eine Nation dazu neige, die nationale Einheit durch Zentralisation und Einebnung ethnischer wie kultureller Unterschiede zu sichern.[125]

Zumindest in »Nation Europa« findet die Idee des »Reichs« als zukünftige Form Europas Zustimmung, so bei dem neokonservativen Publizisten Jordis von Lohausen oder Maurice Bardéche, der auch die Überzeugung vertritt, »daß die Zusammenarbeit von Deutschland und Frankreich, unterstützt von den anderen europäischen Ländern, eine gesunde und mächtige Kraft bilden kann.«[126]

Inwieweit die engere »Neue Rechte« der Bundesrepublik andere Vorstellungen über das zukünftige Großeuropa hat, oder sich aber vor historischen Rückbezügen scheut, vielleicht vor den Assoziationen an eine »Achse Berlin – Aachen – Paris«, bleibt bei dem dem Autor zugänglichen Material leider offen, wie überhaupt das Material über die konkrete Ausgestaltung des »ethnopluralistischen« Europa nur sehr bruchstückhaft ist.

Auf jeden Fall böte sich eine deutsch- französische Führungsmacht auch vom Standpunkt der militärischen Sicherung eines Großeuropa an, denn aus der Weltsicht des Völkerkampfes als bewegendem Moment der Geschichte respektiert man »letzten Endes nur die, welche töten und nicht diejenigen, die getötet werden.« In diesem Zusammenhang bedauerte Jean Mabire, daß Frankreich »herausfordernde Pluton-Raketen auf Deutschland richtet« und damit »das auslöst, was es hatte vermeiden wollen, nämlich den Verzicht auf die Luftverteidigung Europas zugunsten der amerikanischen Technologie.«[127]

Zumindest wäre eine Verbindung von französischer »force de frappe« und bundesdeutschem technischen know-how und entwickelter Atomindustrie eine notwendige Ergänzung zu dem bei den »Nationalrevolutionären« bevorzugten Modell der »alternativen Verteidigung«.

»In der Verbindung von alternativem militärischen Verteidigungskonzeptionen und dem Modell der 'sozialen Verteidigung' erkennen wir eine neue, grundsätzliche Alternative zur bisherigen Verteidigung. Verteidigung ist somit nicht mehr das Geschäft hochspezialisierter Militärverbände, sondern Sache des ganzen Volkes.«[128]

Zwar steht neben der Symphatiewerbung in der Friedensbewegung hinter dem Begriff der »alternativen Verteidigung« ein Konzept der umfassenden Militarisierung des ganzen Volkes, aber auch das dürfte kaum ausreichen, um z. B. die Sowjetunion zum tatenlosen Zusehen zu zwingen, wenn die sozialistischen Staaten und Teile der Sowjetunion selbst »dekolonisiert« werden.

Inwieweit man für die Durchsetzung des »Dritten Weges« in der sog. »Dritten Welt« militärische Mittel benötigt, darüber gehen die Meinungen auseinander. Allgemeine Einigkeit herrscht jedoch innerhalb der »Neuen Rechten« über das grundsätzliche Verhältnis zu den Völkern der »Entwicklungsländer« aus der Sicht des »Ethnopluralismus«.

5. Europa und die »Dritte Welt«

Das Verhältnis eines »ethnopluralistisch« neugeordneten Großeuropa zur sog. »Dritten Welt« beruht auf der neurechten Umdeutung des »Antiimperialismus« zum Kampf um die »nationale Identität« der Völker gegen den »Egalitarismus« der beiden »Supermächte«. Indem dieser »Antiimperialismus« vollkommen getrennt wird von ökomomischen Interesse und auf die Ebene des ausschließlich »Politischen: gehoben wird, das der Verwirklichung der »Identität« dient, kommt es zu einer Umkehrung der Vorzeichen in der Auseinandersetzung zwischen »Imperialismus« und »Dritter Welt«. Es ist der »Totalitarismus« von USA und UDSSR, der eine »Gleichschaltung« der Länder der »Dritten Welt« erzwingen will, der ihnen die »Gleichheit« der Menschenrechte aufzwingen will, und ihnen nur die Wahl läßt, mit welcher »Supermacht« sie gleichgestellt werden wollen. Das Interesse der »Dritten Welt«-Länder, eine Gleichstellung in dem Sinne zu erreichen, daß sie von der Unterdrückung und Ausbeutung der ökonomisch stärkeren Industriestaaten befreit und damit erst einmal in die Lage versetzt werden, z. B. ihre Bevölkerung zu ernähren, wird in den Bereich des »Ökonomismus« verwiesen. Forderungen dieser Art werden aus der »Überfremdung« durch die »kaufmännische Gesellschaftsform erklärt«, die die »Dritte Welt« für sich gleiche Strukturen und Rechte fordern ließe wie für die Industriestaaten, die aber ihrer

»Identität« gar nicht entsprächen, sondern lediglich eine Adaption »fremder« Maßstäbe seien.

Demgegenüber sei der wahre Inhalt des nationalen Befreiungskampfes in der »Dritten Welt« die Durchsetzung des »Rechtes auf Verschiedenheit« gegenüber dem »totalitären« Zwang zur Gleichheit seitens der »Supermächte«. Eben dieser Kampf um die »nationale Identität« gegen die »Fremdherrschaft« der USA und UDSSR sei auch das bewegende Moment Europas, einen »Dritten Weg« zwischen Kapitalismus und Kommunismus zu errichten.

»Der Begriff 'Dritte Welt' könnte somit eine andere Bedeutung bekommen. Jedes Land, dazu berufen, sich den beiden Supermächten zu widersetzen, würde demnach zur Dritten Welt gehören, zumal beide Großmächte jeweils die Vorzüge der anderen zur Geltung bringen und außerdem von derselben totalitären Anmaßung zeugen, sich als einzige Alternative zu erklären. In diesem Sinne gehört auch Europa der Dritten Welt potentiell an.«[129]

Es handelt sich also um eine Neuauflage der Argumentationsfigur Arthur Moeller van den Brucks, der eine Gemeinsamkeit aller »jungen Völker« herstellte aus ihrer Gegnerschaft zum »alten« verfallenden Liberalismus der Westmächte und ihrem mit dieser »totalitären« Ideologie zwangsläufig verknüpften Imperialismus. Sollten sich damals besonders die ost- und südeuropäischen Völker mit dem deutschen Reich gegen die Westmächte England und Frankreich verbünden, so zielt infolge der veränderten Weltlage die Argumentation auf ein Bündnis der »Dritten Welt«, aber auch Japans und Chinas mit Europa gegen die »Supermächte«.

Europa wird so zum »natürlichen Verbündeten« eines jeden Landes, das »noch nicht gleichgeschaltet« ist, weil ein völkisches Europa eine wirkliche Alternative bieten könne zu den »Totalitarismen« der beiden Großmächte. Jedoch geht es bei diesem Bündnis keineswegs darum, den Entwicklungsländern beim Aufbau eigener Grundlagen behilflich zu sein, also ihrer Unabhängigkeit eine materielle Basis zu verschaffen, ist doch »Entwicklungshilfe« nur eine »Methode kultureller Überfremdung«. Die » Neue Rechte« wendet sich im Namen des »Rechtes auf den eigenen Weg« im Rahmen der »ethnokulturellen Bedingtheit der Normen und Werte« entschieden gegen jede Unterstützung der »Dritten Welt«-Länder von außen als »Zerstörung der einheimischen Kulturen durch dem Import industrieller 'Zivilisation' und Bildung.«[130]

Dagegen sei vom Standpunkt des »Ethnopluralismus« aus nur eine »unabhängige kulturelle und nationale Entwicklung der Völker« denkbar, die sich auch gegen die »okzidentale« Wissenschaft und Technik abgrenzen muß. Diese biete zwar möglicherweise eine größere Sicherheit, z. B. gegen Hungerkatastrophen mittels einer effektiveren Landwirtschaft auf wissenschaftlich- technischer Basis, aber abgesehen von dem damit einhergehenden Verlust traditioneller Lebensformen als Bestandteil der »Nationalen Identität« ist »Sicherheit« ein der »Neuen Rechten« tief verächtliches Streben, das der liberalen Konsumorientierung entspringt, den »Mut zum Wagnis« untergräbt und das Überleben verabsolutiert. Dabei gehe es nicht um das Überleben, sondern um sinnvolles Leben, das nur in der Verwirklichung der »Identität« und der Sendung eines Volkes möglich sei. Im Bezug auf die sogenannten Entwicklungsländer beinhaltet eine »nationale Identität« aus neurechter Sicht das Zurückversetzen in den »Naturzustand« vor der Kolonialisierung.

Damit beinhaltet der »Ethnopluralismus« eine neue Legitimationsgrundlage für die Interessen der westlichen Industriestaaten gegenüber den Ländern der sogenannten »Dritten Welt«, die ihre Reichtümer und Ressourcen zunehmend selbst in Besitz nehmen und damit für die Industriestaaten eine Entwicklung signalisieren, an deren Ende diesen die Kontrolle über die Rohstoffquellen und die Art und Weise ihrer Nutzung völlig entzogen sein könnte. Spätestens seit dem Vietnam-Krieg oder dem Sturz des Schah-Regimes im Iran ist offensichtlich geworden, daß sich die Industriestaaten auf eine neue Strategie umstellen müssen, die das Selbstbestimmungsrecht der betroffenen Nationen zumindest nicht offensichtlich verletzt, aber den Zugriff auf die Rohstoffe usw. sichert, also möglichst verhindert, daß sich solche Staaten für einen sozialistischen Entwicklungsweg entscheiden.

Eklatantestes Beispiel für eine derartige »Interessenwahrnehmung« ist die Republik Südafrika, deren rassistisches Apartheit-System der »Neuen Rechten« als Verwirklichung der »ethnopluralistischen« Grundsätze gilt. Südafrika gilt als der »Persische Golf der mineralischen Rohstoffe«, es bestreitet bei elf der wichtigsten Rohstoffe zwischen 10 und 62% der Weltproduktion, bei Chrom, Platin, Mangan, Vanadium und Gold nimmt es eine absolute Spitzenposition ein.[131] Damit wird Südafrika zum Zentrum der westlichen Interessen in Afrika, denn »Der Bedarf des freien Westens an mineralischen Rohstoffen aus Überseegebieten wird steigen, wenn auch nicht so stark wie an Energieträgern. Die Experten errechnen Deckungslücken für die Zukunft. Es ergeben sich bedrückende Aspekte, falls der Westen nicht rechtzeitig die geeigneten Schritte unternimmt, um sich der ungestörten Belieferung mit unverzichtbaren Rohstoffen zu versichern.«[132]

Dazu bedarf es vor allem der Befriedigung der einheimischen Bevölkerung, also einer anderen Ideologie und Strategie der Legitimation der Interessen westlicher Industriestaaten.

Bewegendes Moment der neurechten »Solidarität« mit den »befreiungsnationalistischen und antiimperialistischen Bewegungen in aller Welt« ist letztendlich die Zurückdrängung jeglichen Einflusses der sozialistischen Staaten und die Verhinderung sozialistischer Entwicklungswege in der »Dritten Welt«. Zu diesem Zweck soll die militärische Interventionspolitik der USA ergänzt werden durch die erfolgversprechendere Variante der indirekten Einflußnahme Westeuropas. Finden sich in den Programmen der »nationalrevolutionären« und »solidaristischen« Gruppierungen nur indirekte Hinweise auf diese Zielsetzung, indem »neokoloniales Hegemoniestreben« ausschließlich den beiden »Supermächten« zugeschrieben wird und irgendeine Einflußnahme europäischer Staaten in der »Dritten Welt« höchstens in der Vergangenheit der Kolonialzeit anerkannt wird, scheut sich Alain de Benoist weniger, das Wesen der »antiimperialistischen Solidarität« darzulegen.

»Unsere Solidarität mit der Dritten Welt hat allerdings nichts mit . . . der Demut ehemaliger Kolonisatoren bei der Suche nach einem guten Gewissen (zu tun). Unsere Solidarität wird nicht von der Verteidigung der Schwäche gelenkt, (. . .) sondern vielmehr von der Einsicht darin, daß die Macht weiterhin das Wesen des Politischen ausmacht. Jeder dritte Staat, der die Gleichstellung mit den Supermächten ablehnt, muß darin unterstützt werden, daß er stark wird.«[133]

Abgesehen davon, daß zumindest bei der einen »Supermacht« von »Gleichstellung« wohl kaum die Rede sein kann (man halte sich nur das kürzlich »befreite« Grenada vor Augen), hat man hier die aktualisierte Fassung von Ernst Niekisch's »Politik des deutschen Widerstandes« (Punkt 7m) auf dem Tisch liegen:

»Anknüpfung von sei es offenen, sei es geheimen Beziehungen mit allen Völkern, die gleich dem deutschen Volke unter der Unterdrückung durch die imperialistischen Westmächte leiden.«[134]

Als Völker, die gleich den »europäischen« Völkern unter der Unterdrückung durch den »Universalismus« der »imperialistischen Supermächte« leiden, können aus neurechter Sicht im Grunde genommen alle außer den »Supermächten« selbst betrachtet werden, und selbst Teile von diesen, besonders in der Sowjetunion, werden miteingeschlossen. Wenn sich ein Land der »Dritten Welt« für einen sozialistischen Entwicklungsweg entschlossen hat, kann dies nur eine Folge des Dualismus der Weltherrschaft der beiden »Supermächte« sein, wodurch es keine Alternative zu der Entscheidung für eine von beiden gibt.

»In den Ländern der Dritten Welt zum Beispiel bleibt die kommunistische Ideologie häufig nur deshalb stark verankert, weil das liberale System dort Diktaturformen unterstützt, die sogar die dürftigsten marxistischen Analysen bestätigen. Gegenüber diesen Diktaturerscheinungen sind die Völker der Dritten Welt darauf angewiesen, sich der Sowjetunion zuzuwenden, da das an das liberale System gebundene Europa ihnen keinen dritten Weg bietet.«[135]

Hier offenbart sich der Kern des neurechten »Antiamerikanismus«, nämlich die Kritik an den USA, sie sei unfähig, den Sozialismus effektiv und glaubwürdig zu bekämpfen. Es geht also darum, durch eine scheinbare Distanz zu den USA für das imperialistische Gesamtsystem Positionen und Einflußmöglichkeiten zurückzugewinnen, die der US-Imperialismus alleine nicht halten kann oder bereits verloren hat.

Demzufolge sind die »wahren« Befreiungsbewegungen der »Dritten Welt«, denen die »Neue Rechte« ihren »Dritten Weg« anbieten möchte, die konterrevolutionären Gruppen, die bereits bestehende sozialistische Regierungen bekämpfen. So unterstützt die »Neue Rechte« besonders die UNITA und FLNA in Angola gegen »die Besetzung Angolas durch Russen und Kubaner« oder die Auseinandersetzungen der Somali und Erythreer mit dem sozialistischen Äthiopien. Gemäß den Prinzipien des »Ethnopluralismus« sollen auch in der »Dritten Welt« die »Grenzen der Kolonialzeit« gesprengt und die Staaten in ihre ethnischen Bestandteile zerlegt werden. Hier ist dann allerdings nicht die Rede vom Zusammenschluß politisch nicht lebensfähiger »Kleinstvölker in Eigenstaatlichkeit« zu größeren Staatenbünden, vielleicht weil nach Eichberg ja die Technisierung die Welt großräumig gemacht habe, was aber wohl nur für die Räume der »okzidentalen« Menschen zutrifft. Vielmehr bietet der »Dritten Welt« das Europa des »Dritten Weges« den notwendigen Schutz vor den »großen Imperialisten« und die Garantie der »eigenständigen kulturellen und nationalen Entwicklung«.

Man sieht, daß es trotz der Feststellung des »Eigenwertes jeder Kultur« keineswegs um eine »Gleichstellung« der »Dritten Welt« mit Europa gehen kann, soll doch Europa »seine maßgebende Stellung in der Gemeinschaft der Völker wiedererobern«[136], und waren doch nur die europäischen Völker die Schöpfer »der heute weltweit dominierenden wissenschaftlich-technischen Zivilisation«.

Wird von den »Nationalrevolutionären« und »Solidaristen« möglicherweise der »natürlichen« Entwicklung der von »Fremdherrschaft« befreiten Völker überlassen, welchen Platz in der »Gemeinschaft der Völker« sie sich erobern und wie sie sich organisieren werden, so werden von anderen Verfechtern einer völkischen Neuordnung durchaus weitergehende Vorstellungen entwickelt.

Ebenfalls unter Berufung auf die Prinzipien des »Ethnopluralismus« und der »modernen« Rassentheorie wirft man in den Kreisen um »Nation Europa« und »criticón«, die mit den neurechten Gruppen vielfältig verflochten sind, ein begehrliches Auge besonders auf den afrikanischen Kontinent.

»Ausgedehnt auf den noch kaum erschlossenen afrikanischen Raum, der mit Europa enger verflochten ist als irgendein anderer Teil der Welt, könnte die europäische Wirtschaftseinheit ein weltwirtschaftliches Kraftfeld ohne Beispiel werden.«[137]

Die politischen und wirtschaftlichen Überlegungen, die hinter einem solchen Anspruch auf den »afrikanischen Raum« stehen, sind einigermaßen offensichtlich. Könnte Europa durch umfassende Strukturveränderungen seinen Energiebedarf im größeren Umfang als bisher selbst decken, bleibt doch auf dem Gebiet der mineralischen Rohstoffe eine fast 100%ige Import-Abhängigkeit bestehen. Diese sind jedoch nicht nur von steigender Bedeutung für die europäische Wirtschaft, sondern auch fast ausschließlich aus Afrika zu beziehen. Als alternativer Lieferant käme nur noch die Sowjetunion in Frage. Außerdem wäre ein von der europäischen Wirtschaft abhängiges Afrika ein riesiger Exportmarkt für die industriellen Fertigprodukte Europas. Solche prosaischen Überlegungen lassen sich jedoch mit Hilfe rassentheoretischer Argumentationen wesentlich wirkungsvoller vertreten.

Unter Rückgriff auf Oswald Spengler und Arthur Moeller van den Bruck wird aus der Theorie der ethnokulturellen Bedingtheit auch der Regierungsform eines Volkes gefolgert, daß die Afrikaner aus ihrem »Syndrom« heraus »starke Männer« und Diktaturen bevorzugten. Sowohl die spezielle Lage als auch die Regierungsformen der afrikanischen Staaten entsprächen dem von Spengler und Moeller van den Bruck beschriebenen »preußischen Sozialismus«, einem »dritten sozialistischen Ordnungsprinzip.« Dieses entstehe aus einer »Notlage, die nur mit einem eigenartigen sozialistischen Geist unter Anerkennung der Begabungs- und Leistungsunterschiede gemeistert werden«[138] könne, weshalb ihr am ehesten ein Ständestaat entspreche.

Man sieht überall in Afrika parallele Entwicklungen und Einstellungen, woraus auf besondere Beziehungen zwischen den Erben des

Preußentums und Afrika und die Vorbildfunktion preußischer Traditionen geschlossen wird.

Wie das Modell eines solchen »Ständestaats« für Afrika aussehen könnte, ergibt sich aus dem Postulat, Völker als »genetische Isolate« zu erhalten zum einen, und der »geringeren Fähigkeit der Neger zum logisch-abstrakten Denken« zum anderen. Da man die »Neger« nicht in einen Konkurrenzkampf hetzen wolle, »dem sie von Natur aus nicht gewachsen sein können«, bleibt aus »humanitären« Erwägungen nur eine Apartheid-Politik nach dem Vorbild Südafrikas, also eine »europide« Oberschicht, die mit »abendländischer Rationalität« die Wirtschaft des Landes leitet, möglicherweise auch den »starken Mann« stellt, denn »die in Schwarz-Afrika anzutreffende Bewunderung für Adolf Hitler (. . .) ist vor allem Ausdruck der Hochachtung vor dem ›starken Mann‹. (. . .) Begriffe wie Mitleid, Kollegialität, Großzügigkeit, Fairneß und Nächstenliebe sind dem Schwarz-Afrikaner – trotz jahrhundertelanger christlicher Missionsarbeit – wesensfremd geblieben.«[139] Demzufolge entspricht man nur dem afrikanischen »Syndrom«, wenn man die Afrikaner rigoros von der weißen Führungsschicht und deren Lebensweise trennt und sie auch räumlich abgegrenzt in ihren »Naturzustand« zurückversetzt.

Hier soll nicht behauptet werden, eine solche Einstellung und derartige Zukunftspläne seien in der »Neuen Rechten« durchgängig anzutreffen. Der Exkurs dient lediglich der Illustration, wozu sich die theoretischen Grundlagen neurechter Ideologie verwenden lassen, ohne mit den teilweise so fortschrittlich klingenden Grundsätzen brechen zu müssen.

Der engere Kreis der aus der »Aktion Neue Rechte« hervorgegangenen Gruppierungen, wie auch GRECE und das »Thule-Seminar«, beschränken sich meist darauf, konkrete Vorstellungen für die eigene Staats- und Gesellschaftsform zu entwickeln. Daher soll nach den außenpolitischen Erwägungen nun der innenpolitischen Funktion und dem Inhalt des Schlüsselbegriffs »nationale Identität« nachgegangen werden.

IV. Absicherung nach innen: Nationale Identität

»Nationale Identität« ist der Schlüsselbegriff der innenpolitischen Konzeption der »Neuen Rechten«. »Nationale Identität« bezeichnet die Identifizierung des Einzelnen mit den Normen, Werten und Haltungen, die seinem Volk eigen sind. Dazu gehört auch die Bereitschaft, das »kulturelle Erbe« anzunehmen und weiterzuführen, sich dem »Schicksal« des Volkes unterzuordnen und der aus der Geschichte des Volkes abzuleitenden »Sendung« zu dienen.

In der Öffentlichkeit der Bundesrepublik tauchte der Begriff der »nationalen Identität« erstmals in den siebziger Jahren im Zusammenhang mit der »Anti-Ausländer-Kampagne« auf, die ihren Niederschlag u. a. im bekannten »Heidelberger Manifest« oder der »Kieler Liste für Ausländerbegrenzung« fand. Die Ursache der »Anti-Ausländer«-Agitation liegt vor allem in der mit fortschreitender Strukturkrise rapide ansteigenden Massenarbeitslosigkeit, die Staat und Wirtschaft der Bundesrepublik durch »Rückführung« der Gastarbeiter in ihre Heimatländer abzuschwächen versuchen. In diesem Zusammenhang bot es sich geradezu an, den Unmut über die wachsende Arbeitsplatzunsicherheit durch Rückgriff auf alte Ressentiments wie Fremdenfeindlichkeit auf die ausländischen Arbeitnehmer umzulenken, so daß diese als die eigentlichen Urheber der Massenarbeitslosigkeit erscheinen sollen.

Hierzu muß vorausgeschickt werden, daß der »Nation-Europa«-Herausgeber und Ziehvater der »Neuen Rechten«, Arthur Erhard, kurz vor seinem Tod im Mai 1971 einen »Aufruf zum Widerstand gegen den Volksmord« auf Tonband gesprochen hatte, der seitdem als sein »politisches Testament« gilt. In diesem zeichnet er das Bild einer gigantischen Feindverschwörung zur »Auslöschung des deutschen Volkes« durch einen »Genozidanschlag«. Das Überleben der Deutschen werde bedroht durch »biologische Überfremdung« und »Geburtenrückgang«, daher müsse diesen »verbrecherischen Plänen« schleunigst massiver Widerstand entgegengesetzt werden.[140]

Dieser Ruf wurde auch von der »Neuen Rechten« gehört, für die die »Gastarbeiterfrage . . . zum ersten Prüfstein der Theorie«[141] wurde, anhand derer sie die besondere Qualität ihres »neuen Nationalismus« erstmals der Öffentlichkeit vorführte.

Durch den »Ethnopluralismus« mußte man sich für die »Ausländer-raus«-Forderung nicht länger auf historisch diskreditierte Argumentationsmuster von der Minderwertigkeit anderer Rassen und Völker zurückziehen, sondern konnte die Kampagne geradezu »ausländerfreundlich« drapieren. Man wolle die Ausländer vor dem Verlust ihrer eigenen »nationalen« und »kulturellen Identität« durch die »Entwurzelung« schützen, indem man sie in ihre Heimatländer zurückverfrachtet, da gerade in ihrem eigenen Interesse der »Transfer von Arbeitsemigranten« unterbunden werden müsse. Sie seien »Opfer der gleichen verfehlten Wirtschaftspolitik, die auch den deutschen Arbeiter bedroht.«[142]

Dieses Argumentationsmuster übertrug sich bald auf alle an der Anti-Ausländer-Agitation beteiligten Gruppen, so daß in der »Gastarbeiterfrage« eine taktische Übereinstimmung zwischen »Neuer« und »alter« Rechter bis hin zum Christophersen-Flügel besteht. Die neurechte Argumentation ist nicht nur vom Rassismusverdacht gereinigt und humanistisch bemäntelt, sie kann darüber hinaus bis ins linke Spektrum hinein wirksam werden als Kampf gegen »die durch Strukturzwänge des Kapitalismus geförderte Verschiebung von Menschen, die als ›Arbeitskräfte‹ vom Kapital verbraucht, ihrer Identität beraubt, in den Industriezentren ausgebeutet werden.«[143]

Auf der anderen Seite diente die Sorge um den Erhalt der »fremden« Identität auch der Abgrenzung und Bewußtwerdung einer davon verschiedenen deutschen »nationalen Identität«, die es zu schützen und zu entwickeln gelte. Zu dieser Entwicklung genügt es nicht, das eigene Land von fremden Volksteilen zu reinigen, sondern vielmehr auch von »fremden« Ideologien. Es bedarf also einer bewußten »Rückkehr zu den Wurzeln indogermanischer Weltanschauung« und einer Rekonstruktion der spezifischen Denkstrukturen, Normen, Werte, Kultur und Tradition. Von da aus soll eine »organische Gesellschaft« aufgebaut werden, die von »judenchristlichem« Liberalismus und Kommunismus gereinigt zum wahren Ausdruck der »nationalen Identität« wird. Diese Rekonstruktion der »nationalen Identität« beruht auf einem Menschenbild, das »realistisch« oder »biologisch« genannt wird und »die anthropologischen Grundlagen der herrschenden Wertsysteme in Ost und West zerstören« soll.

1. Biologistisches Menschenbild

»Wer nach dem Schlüssel zu gesellschaftlichen Bewegungen und politischen Parteien sucht, der studiere ihr Menschenbild. Es enthält ihr Wesen und enthüllt ihre geheimsten Absichten . . .«.[144]

Dieser Hinweis von Bartsch dürfte wohl an die Adresse der »alten« Rechten gerichtet sein, sich nicht von linksverdächtigen Vokabeln erschrecken zu lassen, sondern sich an das Menschenbild der neurechten Ideologie zu halten, das sich nicht wesentlich von dem der »alten« Rechten unterscheidet. Ebenso wie sich das gesamte Weltbild der »Neuen Rechten« auf eine bestimmte rassistische Definition von »Volk« als Subjekt der Geschichte aufbaut, leitet sich ihre Gesellschaftskonzeption aus einer biologistischen Definition des Menschen her, dessen biologisch determinierter »Wille« ihn als »Herr der Formen« die Gesellschaft und die Umwelt gestalten läßt. Gelten im Zusammenleben der Völker ökonomische Prozesse lediglich als Ausdrucksformen einer bestimmten Kultur, so wird auch in bezug auf das Menschenbild die Ökonomie als untergeordneter Faktor in Abhängigkeit von der biologisch determinierten Gesellschaftsform betrachtet. Wechselwirkungen zwischen Menschen und den von ihnen geschaffenen ökonomischen Strukturen, bzw. deren Gesetzmäßigkeiten, werden grundsätzlich nicht anerkannt. Dieses durchgängige Merkmal in der Ideologie der »Neuen Rechten« macht gleichzeitig ihre besondere Attraktivität aus, da sie komplizierte und widersprüchliche Prozesse einseitig auflöst, und damit in der Lage ist, im Rahmen ihres Weltbildes einfache Antworten auf die komplizierten Probleme der Gegenwart zu geben.

Das neurechte Menschenbild gründet sich auf die Verhaltensforschung von Konrad Lorenz und Robert Ardrey, auf die Psychologie C. G. Jungs und Arthur Jensens und auf »Darwin und seine Nachfolger«, womit die Theoretiker des Sozialdarwinismus gemeint sind. Unter Berufung auf die akademischen Titel dieser Personen, die zum Teil auf dem Gebiet tierischer Verhaltensforschung und Naturgeschichte als Pioniere einer wissenschaftlichen Betrachtungsweise gelten (Darwin, Lorenz), nennt die »Neue Rechte« ihr Menschenbild auch »wissenschaftliches Menschenbild«.

Dieses »realistische« Bild von der menschlichen Natur und Entwicklung beinhaltet im wesentlichen die genetisch bedingte Verschiedenheit, Erblichkeit von Anlagen, Fähigkeiten und Verhaltensweisen und die Arterhaltung als grundlegenden Antrieb menschlicher Handlungen zusammen mit der Notwendigkeit der Verteidigung des »Lebensraums«, des »Territoriums«. Aus diesen Grundlagen entwikkelte sich das menschliche Verhalten als hauptsächlich instinkt- oder triebgesteuerter Kampf ums Überleben, Arterhaltung und Territorium.

»Immer deutlicher erweist sich, daß das menschliche Verhalten durch eine ganze Reihe von instinktiven Dispositionen mit den dazugehörigen Auslösemechanismen und Erbkoordinaten mitbedingt ist. Dies trifft ganz besonders für (. . .) die Bedeutung der Agression im Rang- und Territorialverhalten, sowie für eine Reihe von Gefühls- und Affektreaktionen zu, worauf bereits Darwin vor nunmehr über hundert Jahren hingewiesen hat.«[145]

Die natürliche Ungleichheit ergebe sich nach Ardrey schon aus den notwendigen Voraussetzungen der geschlechtlichen Fortpflanzung im Rahmen der Evolution. Diese genetisch bedingte Ungleichheit erhalte zusätzlich eine gesellschaftliche Komponente durch den zur Arterhaltung und Verteidigung des Territoriums notwendigen Zusammenschluß zu Gemeinschaften, in denen sich die Starken als Beschützer der Schwachen herausbilden. Dieser notwendige Zusammenschluß habe sich stammesgeschichtlich im erblichen »Sozialinstinkt« oder »Sozietätstrieb« manifestiert, der »natürlicherweise von den beiden Grundsätzen der Ungleichheit und der Rangordnung bestimmt (wird), die wir als Folge unseres ureigensten Seins definiert haben.«[146]

Die Verteidigung des Territoriums, der »Territorialtrieb«, führe gleichzeitig zur Entwicklung eines »Agressionstriebes« und eines »Dominanztriebes« im Zusammenhang mit der natürlichen Rangordnung der Menschen. Dazu komme noch der »Besitztrieb«, der ebenfalls auf der Notwendigkeit der Selbsterhaltung entstanden sei als Identifikation mit den eroberten oder hergestellten Mitteln der Lebenssicherung. »Auch das Privateigentum ist nichts anderes als die Vergegenständlichung des Menschen in der Materie. Es fördert das Überleben der Besten und stärkt die Gruppe oder Gesellschaft nach außen.«[147] Hier wird die besondere kapitalistische Form der Lebensgewinnung umgedeutet in allgemein menschliche Grunddispositionen.

Alle diese Triebe oder Instinkte sind dem Menschen angeboren. Hinzu kommen noch spezielle Erbanlagen, die sowohl aus den unterschiedlichen Territorien, mit denen die Völker sich auseinandersetzen müssen, entstanden sind, als auch solche, die aus der erblichen Spezialisierung innerhalb einer Gemeinschaft stammen. »Von Fällen der Entartung abgesehen, ist der Sproß einer langen Geschlechtsfolge von

Führern psychisch und moralisch anders als der Abkomme einer Ahnenreihe von Untergebenen.«[148]

Diese Erbanlagen umfassen nicht nur körperliche Merkmale, sondern auch geistige und emotionale, also Intelligenz ebenso wie psychische Dispositionen. Die jeweilige Kombination von Erbanlagen jedes Menschen bildet sein spezielles Grundmuster von Entwicklungsmöglichkeiten, deren tatsächliche Realisierung jedoch von den gesellschaftlichen Bedingungen abhängt. Der Mensch kann also keine Fähigkeiten entwickeln, die nicht schon in seinem »Erbgut« angelegt sind, und die angelegten Fähigkeiten können nur zum Tragen kommen, wenn ihre Ausprägung gefördert wird. Darin sieht die »Neue Rechte« einen entscheidenden Unterschied zwischen ihrer Ideologie und der des Nationalsozialismus, der ein statisches Menschenbild gehabt habe.

»Geprägt wurden solche Einstellungen u. a. durch Thesen, die im Dritten Reich vertreten wurden. (. . .) Bemerkenswert ist, daß im nationalistischen Deutschland einerseits die Dominanz des Erbgutes, also eines unveränderlichen Faktors, betont wurde, andererseits aber durch intensive nationalpolitische Erziehungsarbeit eine grundlegende Beeinflussung versucht wurde.«[149]

Diesem Widerspruch will sich die »Neue Rechte« dadurch entziehen, daß sie von vorneherein für eine »intensive nationalpolitische Erziehungsarbeit« plädiert, um »die Bereitschaft des jungen Menschen, sich prägungsartig fixieren zu lassen,« nicht dem politischen Gegner zu überlassen. Dies sei durchaus kein Widerspruch zu der stärkeren Betonung der biologischen und stammesgeschichtlichen Erbanlagen, sei doch in der gegenwärtigen Situation die Gefahr einer einseitigen Verabsolutierung der biologischen Determiniertheit nicht gegeben, solange die herrschende Ideologie die Bedeutung des Erbgutes vollständig leugne.

Das neurechte »realistische Menschenbild« führt zu einer Reihe von Schlußfolgerungen, die für das Gesellschaftskonzept der »Neuen Rechten« von entscheidender Bedeutung sind.

Erstes Kriterium der Bestimmung eines Menschen ist, daß er nur in einer Gemeinschaft leben kann, und zwar der Volksgemeinschaft, die ihre je besonderen Merkmale in der Auseinandersetzung mit dem Territorium entwickelt hat, zu dessen Verteidigung sie sich konstituiert. Zwischen den Völkern gibt es qualitative Unterschiede, wie z. B. »die Europiden die meisten Individuen produziert haben, die ohne wirtschaftlichen Zwang die Welt bereist haben,« oder »die Europiden mehr progressive Merkmale zeigen, (. . .), als die Negriden, bei denen sich . . . eine Reihe primitiverer Züge erhalten haben.«[150]

Vom Blickwinkel des »realistischen Menschenbildes« aus wird im Namen »eines der Grundgesetze menschlichen Daseins und menschlichen Sinns« endgültig mit dem Postulat der Gleichwertigkeit der Kulturen gebrochen, das schon durch den »Jensenismus« und die Entwicklung des »okzidentalen Syndroms« recht fragwürdig geworden war. War in bezug auf den »Ethnopluralismus« noch vom »Eigenwert« jeder eben nur »anderen« Kultur die Rede, so führt das sozialdarwinistische »Lebenskampf«-Prinzip zu einer Einteilung in über- und unterlegene Völker und Kulturen. Diese Über- bzw. Unterlegenheit eines Volkes hängt nicht von dem internationalen Kräfteverhältnis ab, sondern gilt als prinzipiell nicht veränderbar, ist doch der neurechte Volksbegriff auf der Erblichkeit des »Volkscharakters« aufgebaut. Es gilt der »Neuen Rechten« als wissenschaftlich erwiesen, »daß auch einzelne geistig-seelische Strukturen und nicht nur allgemeine Begabung und Intelligenz neben körperlichen Merkmalen v e r e r b t werden; daraus ergibt sich u. a. die naturwissenschaftliche Berechtigung des Begriffs ›Volk‹.«[151] Daher entspräche die »Volkstumspflege« der natürlichen menschlichen Eigenart und sei als Pflege des Selbstverständnisses und Selbstbewußtseins eines Volkes unabdingbare Voraussetzung für das Selbstwertgefühl des Einzelnen, der sich nur als Mitglied der Volksgemeinschaft definieren und identifizieren könne. Außerdem sei das völkische Selbstbewußtsein Bedingung der »Staatsfähigkeit« eines Volkes, wie sich schon aus der »ethnokulturellen Bedingtheit« der Regierungsform ergab. Nicht nur die Anfälligkeit für »fremde« Ideologien in einem nicht identitätsbewußten Volk erfordert also eine nationalistische Politik, sondern auch der Umkehrschluß, daß eine nichtvölkische Staatsform schlicht »unmenschlich« sei, da sie den ererbten Dispositionen der Menschen widerspräche, insbesondere dem, »Sozietätstrieb« und der natürlichen Hierarchie.

Eine weitere »Unmenschlichkeit« der gegenwärtigen »überfremdeten« Gesellschaften sei der ständige Verstoß gegen den »Territorialtrieb«, dem die Heimatverbundenheit entspringe. Sowohl in den »Vertreibungen« aus dem Osten als auch, was aktuell wesentlich mehr Gewicht hat, in der Zusammenballung der Menschen in den Industriezentren, der »Verstädterung«, sieht die »Neue Rechte« einen »Antihumanismus«, habe doch die Verhaltensforschung bewiesen, »daß nämlich die Heimat zu den unaufgebbaren und daseinsnotwendigen Voraussetzungen echten Menschentums gehört.«[152] In der »Entwurzelung« und »Entheimatung« zugunsten unpersönlicher Strukturen der Technik werde der Mensch »bindungsloses Mitglied der anonymen Masse«, worin die Ursachen für psychische Krankheiten, Konsumfetischismus, Rauschgiftsucht und Kriminalität zu suchen seien.

Diese Argumentation ist auch der Ausgangspunkt des ökologischen Engagements der »Neuen Rechten«. Abgesehen davon, daß »die ökologische Zerstörung der Erde durch die liberal- und staatskapitalistischen Systeme« verursacht wird, womit schon angedeutet ist, daß die Umweltkrise nur durch eine »organische« Gesellschaft zu überwinden ist, gilt der Aufbau einer »lebensrichtigen« Gesellschaftsform im Sinne des »realistischen Menschenbildes«als »ökologische Revolution«. Von »Naturschutz« könne heute nicht mehr die Rede sein, da es kaum noch authentische Natur gebe, sondern nur vom Mensch gestaltete, weshalb die notwendige Maßnahme »Kulturschutz« sei. Hieran schließt das selbe Argumentationsmuster an, das auch als Ursache für den Verlust der »nationalen Identität« verwendet wird (Kap. III 3.), nämlich die Aufteilung der Erde in »Wirtschaftsräume« anstatt in »Volksterritorien«.

»Heute aber sind die europäischen Kulturlandschaften im Begriffe, bloße Wirtschaftsregionen zu werden. Die ökologische Bedrängnis ist dann eine Folge.«[153]

Die »Neue Rechte« versucht sich in diesem Zusammenhang entschieden gegen den Vorwurf abzugrenzen, sie wolle einen erneuerten »Blut- und Boden-Mythos« in die Ökologie-Bewegung hineintragen. Dieser Verdacht drängt sich in der Tat auf, selbst wenn dieser Zusammenhang so vorsichtig formuliert wird, wie vom »Nationalrevolutionären Koordinierungsausschuß«:

»Die Identifikation des einzelnen mit der Gemeinschaft und seiner unmittelbaren und mittelbaren Umwelt – seinem Lebensraum – muß als Voraussetzung für ein verantwortungsvolles Handeln geschaffen bzw. verstärkt werden.«[154]

Das »realistische Menschenbild« impliziert nicht nur qualitative Unterschiede zwischen Völkern und Rassen, sondern auch zwischen den Individuen eines Volkes. Diese Schlußfolgerung ergibt sich aus der evolutionstheoretischen Notwendigkeit von »genetischen Varianten«, aus denen durch Selektion die Träger einer Weiterentwicklung des Volkes ausgewählt werden. Über diese »genetische Notwendigkeit« hinaus führe nur die Anerkennung der Ungleichheit zur Herrschaft der Fähigsten und damit zur bestmöglichen Organisation eines Volkes.

»Wir wissen aber sehr wohl, daß der Begriff der ›Qualität‹ denen der Masse und der Gleichheit grundsätzlich entgegensteht: wir wissen auch, daß Qualität aus Seltenheit quillt, sie ist ein Erzeugnis der Entscheidung, der Auslese und der Ordnung.[155]

Für die »Neue Rechte« ist es aufgrund der Ungleichheit des »Erbgutes« undenkbar, daß es jemals eine Gesellschaft ohne Rangordnung oder Hierarchie gegeben hat oder geben wird, da das der Natur des Menschen widerspräche. Schon durch den »Dominanztrieb« sei gewährleistet, daß sich die Menschen immer einer »Gleichmacherei« widersetzten, da sie von Natur aus nicht die »Haltung eines Aufnehmenden« hätten, denn dies würde ihre dem »biopsychischen System« entsprechende Selbständigkeit zerstören. Daher habe der Mensch nur die Wahl, sich aus der Gemeinschaft zurückzuziehen (was als Massenerscheinung ebenso widernatürlich sei), oder sich zur Herrschaft aufzuschwingen, um die Gemeinschaft gemäß seinen Bedürfnissen zu formen. Im Aufeinandertreffen der verschiedenen »Willen zur Macht« der Einzelnen entstehe die Rangordnung der Gemeinschaft. »Innerhalb dieser Verbände bilden sich Rangordnungen aus, die sowohl ein aggressiv motiviertes Rangstreben als auch die Bereitschaft zur Unterordnung voraussetzen. Diese Bereitschaften sind offensichtlich angeboren.«[156]

Eine Gesellschaft ohne Rangordnung erscheint der »Neuen Rechten« nicht nur unnatürlich, sondern auch ausgesprochen schädlich für das Überleben des »Volkskörpers«, da er zur Stagnation verdammt und nach außen wehrlos sei. Ebenso zerstöre die »Gleichmacherei« den einzelnen, der nur noch anonymes Mitglied einer »Masse« sei, seine individuellen Fähigkeiten nicht entwickeln könne und daher auch keine Persönlichkeit habe. Der Wert und das Wesen einer Persönlichkeit erweise sich erst an dem Platz in der gesellschaftlichen Hierarchie, den sie einnehme, oder umgekehrt, das Wohl der Menschen und der Gesellschaft erfordere das Bekenntnis zur Elite.

Der Rang des Einzelnen in der Hierarchie sei bestimmt durch die Gesamtheit seiner Erbanlagen und deren Durchsetzung im »Lebenskampf«, in dem immer der Stärkste bzw. Beste Sieger bleibe. Dies habe die »Völkerbiologie« bestätigt, aus deren Beobachtungen hervorgehe, daß die biologische Differenzierung auch der sozialen entspreche. »Der Tüchtige ist wirklich oben; wer unten bleibt, ist auch leistungsmäßig unten.«[157] Die Völkerkunde habe umfassend bewiesen, daß Differenzen der individuellen Qualität die Quelle gesellschaftlicher Ungleichheit seien. Demzufolge seien die Führer eines Volkes hervorragende Persönlichkeiten, deren besondere Fähigkeiten sich im Kampf um die Macht durchsetzten. Es kann für die »Neue Rechte« keinen Zweifel daran geben, daß ein Volk grundsätzlich in Führer und

Geführte gegliedert sein muß, »da zwischen Menschenbild und den sich daraus ergebenden Folgerungen für die Politik eine unmittelbare Beziehung besteht.«[158]

Die besonderen Fähigkeiten, die eine Führerpersönlichkeit auszeichnen, sind neben Machtwillen und Bereitschaft zur Aufopferung für das Volk die Verkörperung der »Eigenart« des Volkes, die volle Entfaltung der »nationalen Identität«. »Diese vollkommenen Menschen vollziehen ... in sich die volle Synthese des Persönlichen und Gesellschaftlichen.«[159]

Diesem Bild vom Menschen und von den »natürlichen Beziehungen zwischen Menschen entspricht der neurechte Entwurf einer »gerechten« Gesellschaft, wobei unter »gerecht« die Behandlung jedes Einzelnen gemäß seinem gesellschaftlichen Rang verstanden wird, der ja Ausdruck der individuellen Fähigkeiten ist, zumindest nachdem die »überfremdeten« gleichmacherischen Systeme beseitigt worden sind.

»Die einzelnen Menschen sind wegen der verschiedenen Erbanlagen verschieden und deshalb sind differenzierte Erziehung, Beanspruchung und Entlohnung allein sinnvoll und naturgemäß.«[160]

Eine so verstandene »gerechte« Gesellschaftsordnung unter Berücksichtigung des »okzidentalen Syndroms« der europäischen Völker entwirft die »Neue Rechte« mit ihrem »europäischen Sozialismus«.

2. »Europäischer Sozialismus«

Der »völkische Sozialismus« wurde von den Theoretikern der »konservativen Revolution« nach dem Ersten Weltkrieg entwickelt, als Gegenmodell zu der Forderung der Arbeiterbewegung nach einer sozialistischen Umgestaltung Deutschlands. Er beruht auf der sozialdarwinistischen Welt- und Geschichtsauffassung als ständigem Überlebenskampf, kombiniert mit einem organizistisch ganzheitlich verstandenen Subjekt dieses Überlebenskampfes und der Geschichte, der Volkseinheit. Die Notwendigkeit einer »sozialistischen« Umgestaltung im völkischen Sinne ergibt sich daher auch nicht aus den Widersprüchen der bürgerlichen Klassenherrschaft, sondern vielmehr aus der Bedrohung des gesamten Organismus »Volk«, zu dessen Selbsterhaltung auch der Krieg, den zu verhindern ja gerade eine wesentliche Begründung für die Sozialismus-Forderung der Arbeiterbewegung war, ein durchaus legitimes Mittel ist.

Oberstes Ziel des »völkischen Sozialismus« ist es also, den Organismus »Volk« so zu organisieren, daß der Bestand der Volksgemeinschaft gegenüber anderen Völkern gesichert ist. Da jedes Volk seine eigene, von den anderen Völkern verschiedene »Identität« besitze, müsse auch die Form der Selbsterhaltung von Volk zu Volk verschieden sein. Daher sprach man auch vom »preußischen Sozialismus« (Oswald Spengler, Arthur Moeller van den Bruck) oder vom »deutschen Sozialismus« (Otto Strasser). Strasser entwickelte für den Übergang zum »Sozialismus« (den er nach dem Zweiten Weltkrieg in »Solidarismus« umtaufte) das »Gesetz der dreieinigen Bipolarität«, das heute von der »Neuen Rechten« beifällig zitiert wird, wie überhaupt ihre Gesellschaftskonzeption auf den Strasser'schen Solidarismus zurückgeht.[161] Dieses Gesetz besagt, daß der Liberalismus mit Kapitalismus, Individualismus und Materialismus dem Selbsterhaltungstrieb des Einzelnen, der »Ich-Idee« entspreche, und daher den Bestand des Volkes durch Zersplitterung, Egoismus und Reibung im Inneren gefährde. Dagegen sei der »Sozialismus« Ausdruck des Arterhaltungstriebes, der »Wir-Idee«, die das Volk im Gemeinschaftsgedanken zusammenschließe. Dem »Sozialismus« entsprächen »Nationalismus« und »völkischer Idealismus«.[162] Zwischen diesen beiden Polen bewege sich die gesellschaftliche Entwicklung wie ein Pendel hin und her.

Der »Aufbau des Deutschen Sozialismus« beruht auf der Ablehnung des Gleichheitsprinzips, daher müsse eine »sozialistische« Gesellschaft hierarchisch gegliedert sein gemäß den unterschiedlichen Fähigkeiten und Leistungen des Einzelnen im Dienste der Volksgemeinschaft. Da ihm nicht das Privateigentum an Produktionsmitteln, sondern die mangelnde Sicherheit der Volksgemeinschaft als das Grundübel des Liberalismus erscheint, wünscht Strasser das Privateigentum nur in den Fällen einzuschränken, in denen es den Bestand der Volksgemeinschaft gefährdet, denn: »Nur eigener Besitz verleiht jene Unabhängigkeit des Denkens und der Entwicklung, Ausprägung der Schöpferkraft und Erprobung des Verantwortungsgefühls, das die wahre und eigentliche Befriedigung des deutschen Menschen ausmacht.«[163]

Strasser führt eine Unterscheidung zwischen Eigentum und Besitz ein, um so den Widerspruch zwischen allgemeinem »Volkswohl« und menschlichem »Besitztrieb« zu lösen, indem er zwar die »Aufhebung des Privateigentums« an Grund und Boden, Bodenschätzen und Produktionsmitteln zugunsten einer vom Staat gelenkten »planmäßigen Nationalwirtschaft« fordert, aber alle diese Güter als »Besitz« bei den bisherigen Eigentümern belassen will. Es handelt sich also lediglich um die Erhöhung staatlicher Einflußmöglichkeiten, um allgemeine Kapitalinteressen gegenüber den konkurrenzbedingten Sonderinteressen der Einzelkapitale durchsetzen zu können. Dies dient dem Ziel, Krisenprozesse abschwächen zu können und vor allem im Kriegsfalle zu verhindern, daß das Profitstreben der Rüstungsindustrie die »Wehrfähigkeit« der Volksgemeinschaft beeinträchtigt. Konkret schlägt er dazu eine drittelparitätische Besetzung der Betriebsleitung aus Staat, Unternehmer und Belegschaft vor, wodurch die Integration der Belegschaft gewährleistet und widerstreitende Interessen im Hinblick auf das »Volkswohl« beseitigt werden sollen. Die Tatsache, daß dem Unternehmer ebenso viele Einflußmöglichkeiten und ein ebensogroßer Gewinnanteil zusteht, wie der gesamten Belegschaft zusammen, stellt durchaus keinen Widerspruch zu den Grundsätzen des »wahren Sozialismus« dar, ist es doch gerade wahre Gerechtigkeit, daß sich Rechte, Pflichten und Lebensstandard der Individuen nach ihren Fähigkeiten und Leistungen für das Volk richten.

Der neurechte »europäische Sozialismus« kann in seinen Grundzügen als eine aktualisierte Neuauflage des Strasser'schen »deutschen Sozialismus« betrachtet werden. Die Kritik am westeuropäischen Wirtschaftssystem mit seiner unübersehbaren Krisenhaftigkeit setzt an einer Umdeutung des Kapitalismus an. Der »Kapitalismus in Ost und West« ist nach der Definition der »Neuen Rechten« nicht durch das Privateigentum an Produktionsmitteln gekennzeichnet, sondern durch das Primat des Wachstums und der Steigerung des Wohlstandes und einer damit zusammenhängenden Gesinnung, deren höchster Wert der wirtschaftliche Gewinn sei. Der Staat sei nur noch Handlanger des Wirtschaftswachstums und hätte, durch sozialökonomische Pflichten und Verteilungsaufgaben belastet, jede eigenständige politische Funktion verloren. Dieser »Ökonomismus« habe bezüglich der Staatsaufgaben »allmählich die drei traditionellen Funktionen innerhalb der indoeuropäischen Gesellschaftsformen übernommen: die Erzeugungsfunktion (Wirtschaft, Fortpflanzung der Bevölkerung, Gesundheit), die Kriegsfunktion (Heer, Verteidigung), und die Souveränitätsfunktion (Politik, Recht, Religion).«[164]

Demgegenüber gelte es, den Staat in seine wahre Funktion wiedereinzusetzen, nämlich »die historische Dynamik und das politische Gleichgewicht eines Volkes« aufrechtzuerhalten und diesem Ziel die Wirtschaft unterzuordnen. Dabei könne es nicht darum gehen, die Form der Wirtschaft zu verändern, denn auch »die Verstaatlichung der Produktionsmittel im Zuge der russischen Revolution . . . führte nicht zum Sozialismus[165],« sondern es gelte, die Wirtschaft zu einem Teilsystem der »organischen Gesellschaft« zu machen. Die Wirtschaft als eigener Bereich folge ihren eigenen, unveränderlichen Gesetzen, weshalb es nur darauf ankomme, ob sich die Gesellschaft der Wirtschaft unterordne oder umgekehrt, was offenbar einer bloßen Willensentscheidung des Volkes, unabhängig von den Produktionsverhältnissen, bedarf. Diese »organische« Wirtschaft als Funktion des politischen Willens des Volkes sei im Gegensatz zum »realen« Sozialismus wahrhaft revolutionär, »erstens weil sie den allmählichen Abbau der massenhaften Produktion von Individualgütern bezweckt, um die Domestizierung des Menschen durch den Wohlstand zu stoppen, (...), zweitens weil sie das Aufkommen neuer Wirtschaftseliten fordert, nicht aber ›neue Mechanismen‹.«[166]

Dies bedeutet also Beibehaltung des bestehenden Wirtschaftssystems und bedingungslose Unterordnung individueller Interessen unter das vom Staat durchgesetzte Gesamtinteresse der kapitalistischen Wirtschaft. Dieses Konzept richtet sich zwar partiell gegen widerstreitende Interessen der Einzelkapitale, hauptsächlich aber gegen die Bedürfnisse der lohnabhängigen Bevölkerung, der eine umfassende Verzichtsideologie angetragen wird. Die Bedürfnisse der Lohnabhängigen, die in den Forderungen der Gewerkschaften ihren Ausdruck finden, werden als »falsche« Bedürfnisse angesehen, die durch die »Überfremdung« mit Christentum und »kaufmännischen Ideen« entstanden seien. In der Bibel sei Arbeit als Strafe deklariert worden, was in der Verweltlichung den »Hang zur Untätigkeit« hervorgerufen habe, der im Widerspruch zum »alten prometheischen Geist der Europäer« stehe. Hier wird die Forderung nach Teilhabe der arbeitenden Bevölkerung am wissenschaftlich-technischen Fortschritt in Form von Verkürzung der Arbeitszeit unversehens als Folge von »volksfremden« Einflüssen denunziert. Ebenso sei die »soziale Unzufriedenheit« als Motor der Klassenauseinandersetzungen auf den »Sinnverlust« zurückzuführen, der aus dem Verlust der »Identität« durch die liberalistische »Überfremdung« entstanden sei. »Meistens ist sie (die soziale Unzufriedenheit – M. K.) nichts anderes als das Produkt einer bewußten ethologischen Frustration gegenüber der Sicherung und Merkantilisierung des täglichen Lebens, die irrigerweise in Lohnforderungen und quantitative Ansprüche umgesetzt werden.«[167]

Demgegenüber gewährleiste die Einbeziehung in eine »organische« Wirtschaft und die Teilnahme an der Sicherung der Existenz des Volkes die »Selbstverwirklichung« der Arbeitenden, die das Bedürfnis nach privatem Konsum ersetzen soll. »Nur im Rahmen nationaler Koordination kann der einzelne gleichberechtigt mitwirken ... und die Gesellschaft seinen unterschiedlichen Bedürfnissen und Anlagen Rechnung tragen.«[168] Diese Umstellung im Bewußtsein des Volkes sei um so dringender, da der »Wohlstandszyklus« zu Ende gehe. »Wer bereitet die Völker auf das Ende des automatischen, selbstverständlichen Wohlstandes vor?«[169] wenn nicht die Vorreiter eines »Sozialismus«, denen der Verzicht auf individuelle Bedürfnisse zugunsten der »nationalen Investitionen« als »Wiederbelebung durch ein großes gemeinschaftliches Projekt« und damit als »wahre« Selbstverwirklichung der »Volksgenossen« gilt?

Dieses neurechte Gesellschaftskonzept entspricht den Erfordernissen der Kapitalverwertung unter den Bedingungen der zyklischen und vor allem der langfristigen strukturellen Anpassungskrisen. Die Behebung solcher struktureller Krisen erfordert ein Abrücken von dem Leitbild ständigen Wachstums und damit von der Hauptlegitimationsgrundlage der kapitalistischen Wirtschaftssysteme. Daraus ergibt sich die Notwendigkeit einer grundlegenden ideologischen Umorientierung. War bisher das ständige Wachstum Grundlage von Zugeständnissen auch an die lohnabhängige Bevölkerung, wie steigende Löhne oder soziale Absicherung, so muß dieses »Anspruchsdenken« jetzt abgebaut werden zugunsten anderer, nicht materieller Leitbilder wie dem »Gemeinwohl«.

Die Durchsetzung der »nationalen Interessen« stellt sich die »Neue Rechte« im Sinne Otto Strassers als »Vergesellschaftung« der Betriebe vor, d. h., gemeinsame Verfügung der »Betriebsgemeinschaft« und des Staates. Die Produktionsmittel sollen in privatem »Besitz« bleiben, denn »ein eingeschränktes konkurrierendes Verhältnis der selbstverwalteten Betriebe zueinander ermöglicht erst breitgestreute Entwicklung.«[170]

Angesichts dieses »solidaristischen« Wirtschaftskonzeptes ist die Kritik Bartschs an dem neurechten »Sozialismus«-Konzept, es beinhalte einen »Fundamentriß« zwischen anthropologischen (Besitztrieb) und sozialistischen (Ablehnung des Privateigentums) Thesen[171], höchstens als Hinweis zu verstehen, die Theorie müsse eindeutiger formuliert werden, um ein unangemessenes Erschrecken vor Begriffen wie »Sozialismus« zu verhindern.

Ebensowenig wie in der Wirtschaft hat der »europäische Sozialismus« als Gesellschaftskonzeption etwas mit dem marxistischen Sozialismus-Begriff gemein, so sehr die Begrifflichkeit dies auch nahezulegen versucht. Wenn in der »Nationalrevolutionären Plattform« von »Klassenkampf« die Rede ist, so bedeutet dies gemäß der völkischen Weltsicht nicht den Sturz der Bourgeoisie, sondern die Aufhebung der Klassengegensätze in der »Volksgemeinschaft«, die nicht aufgrund der Klassengegensätze, sondern aufgrund der »natürlichen Unterschiede« zwischen den Menschen hierarchisch gegliedert sein soll.

»Diese Auffassung schließt alle Formen des Sozialismus aus, die sich mit einer bestimmten Klasse oder Sozialschicht verbinden. (...) Für die Neue Rechte ist ... das ungeteilte Volk Träger des Sozialismus.«[172] Darin eingeschlossen ist die Ablehnung eines Mehrparteiensystems als organisierter Zersplitterung des »ungeteilten Volkes«. Ein »basisdemokratisches« Regierungsmodell der »Neuen Rechten« setzt an der unmittelbaren Umgebung an, der »Nachbarschaft«, die sich zu ihrer politischen Vertretung einen Führer wählt, wodurch die »Volkseinheit« schon auf unterster Ebene hergestellt wird. Aus dem Kreis dieser Führer werden jeweils nächsthöhere Führer gewählt bis hin zum Führer des ganzen Volkes. In diesem »organischen« Führersystem würden Volkswille und Staatswille in Einklang gebracht, daher sei es wahrhaft »demokratisch«.[173]

Dieses Modell entspricht möglicherweise nicht den Vorstellungen aller neurechten Gruppierungen, die sich im allgemeinen über Einzelheiten ihres »Sozialismus«-Konzeptes ausschweigen, aber schon die Grundlagen neurechter Ideologie lassen keine wesentlich anderen Vorstellungen zu, sind sie doch »vom Marxismus und humanistischer Gefühlsduselei gleichweit entfernt.«

Insgesamt kann als zentraler Gedanke des »europäischen Sozialismus« der aus dem »realistischen Menschenbild« abgeleitete Grundsatz der »natürlichen Hierarchie« betrachtet werden, nach dem jedem der seinem »Wert« gemäßen Platz zum Dienst an der »Volksgemeinschaft« zugewiesen wird. Das »Anspruchsdenken« soll ersetzt werden durch die Identifikation mit der »Sache des Volkes«, die allein ein erfülltes und befriedigtes Leben ermögliche, so daß »Sinn«, »Gerechtigkeit« und »Freiheit« nur in der Verwirklichung der »nationalen Identität« zu erreichen seien.

Dieser Gedanke spitzt sich zu im Begriff der »Transzendenz« als der Bereitschaft, für die »Sache des Volkes« zu sterben. »Der Tod vermag nämlich Sinn und dauerhaften Zusammenhang zu erzeugen. (...) In einer organischen Gesellschaftsform ist das Individuum bereit, für die anderen zu sterben, weil es mit den anderen lebt.«[174] Im Tod wird hier das Gemeinschaftserlebnis vollkommen, der Tod für die »Sache« wird zur Vollendung und Sinnerfüllung des individuellen Lebens. Höchste Form der »Transzendenz« ist folglich der Tod im Krieg für die »Selbsterhaltung« des Volkes, wo von vorneherein alle persönlichen Motive ausgeschlossen sind, wo aus dem anonymen Massensterben eine mythische Vereinigung mit dem Volk wird und sich der Einzelne als Opfer für die »Sache des Volkes« hingibt, den Tod als eigentlichen Sinn seines Lebens akzeptiert. In der »Transzendenz« als höchster Form eines sinnvollen Lebens offenbart sich der aggressive und menschenverachtende Charakter des neurechten Gesellschaftskonzepts am offenkundigsten.

Gerade um diese Opferbereitschaft für das Volk zu erzeugen, bedarf es einer tiefen Durchdrungenheit des einzelnen von dem »Schicksal« und der »Sendung« seines Volkes, die er mit seinem persönlichen Einsatz erfüllt. Dieses Bewußtsein herzustellen ist unter anderem der Sinn und Zweck eines besonderen Geschichtsbildes der »Neuen Rechten«.

3. Geschichte als »Mythus«

Das Geschichtsbild ist von zentraler Bedeutung in der neurechten Ideologie, da »Geschichtlichkeit« als Unterscheidungsmerkmal zwischen Tieren und Menschen gewertet wird und damit einen wesentlichen Mangel der neurechten Entwicklungstheorie der Menschen und Völker ausgleicht. Zum anderen wird an dem neurechten Geschichtsbild das Primat des menschlichen »Willens« über alle gesellschaftlichen Entwicklungsgesetzen festgemacht. Damit wird das Geschichtsbild zum »Beweis« der Umsetzbarkeit der neurechten Ideologie und somit zu einem zentralen Mobilisierungsfaktor. In der Frage, ob sich aus der Geschichte die menschlichen Entwicklungsmöglichkeiten herausanalysieren lassen oder ob »Geschichte« lediglich der Schauplatz zufälliger und individueller Willensakte ist, ist zugleich die Frage nach der gesellschaftlichen Perspektive eingeschlossen. Konkret beinhaltet die Interpretation der Geschichte die Antwort auf die Frage, ob eine Entwicklung hin zum Sozialismus verhindert werden kann oder nicht. »Alle Streitfragen unserer Epoche können auf eine grundsätzliche Streitfrage zurückgeführt werden, die Frage nach dem Sinn der Geschichte.«[175]

Die auf den historischen Materialismus zurückgehende Auffassung, daß sich aus der historischen Entwicklung der Gesellschaft die Grundkräfte der gesellschaftlichen Entwicklung überhaupt analysieren lassen und es damit möglich wird, den weiteren Verlauf bewußt zu gestalten bzw. unter gegebenen Voraussetzungen zu erkennen, erscheint der »Neuen Rechten« als eine unzulässige Verabsolutierung historischer Gesetzmäßigkeiten, die dem Menschen jeden Handlungsspielraum raube. Diese offensichtliche Fehlinterpretation rührt von der Einschätzung des Liberalismus und des Sozialismus als »Zerfallsprodukte« des »Judenchristentums« her. Eine Weiterentwicklung aus dem »Erbgut«

der Religion ist vom evolutionstheoretischen Standpunkt grundsätzlich nicht denkbar.

Das zur Zeit vorherrschende Geschichtsbild sei die »epochale Tendenz« einer linearen Zeitvorstellung, die nach Ansicht der »Neuen Rechten« einen Anfang der Geschichte und ein Endziel impliziere. Diese Vorstellung wurde vom »Judenchristentum« in Europa eingeführt, als ein dem »Egalitarismus« entsprechendes Geschichtsbild.

Eine »epochale Tendenz« enstehe als »Mythus«, als noch nicht konkretisiertes »Ahnen« eines Neuen, was in der Phase des »Judenchristentums« geschehen sei, als zunächst chiffrierte Behauptung, die Geschichtlichkeit sei nicht das »eigentliche Sein« des Menschen, dieses läge jenseits der Geschichte. Die christliche »Geschichte« sei die Folge der Vertreibung aus dem Paradies, also eine Strafe, und ende mit dem Jüngsten Gericht, nach dem es nur noch die geschichtslose ewige Seligkeit bzw. Verdammnis gebe.

Sobald der »Mythus« sprachlich faßbar werde, zerfalle er, werde verweltlicht und seine Widersprüche würden offensichtlich, weshalb sich Weiterentwicklung der »epochalen Tendenz« widerstreitende Ideologien entwickelten, die die ursprüngliche Gemeinschaft zerstörten. Dies sei geschehen mit der Kirchen-Spaltung und der Verweltlichung der Gleichheit vor Gott als Gleichheit vor dem Gesetz, also dem »Egalitarismus«.

In einer dritten Entwicklungsphase der »epochalen Tendenz« werde versucht, die aufgebrochenen Widersprüche zwischen dem Gleichheitsanspruch und der realen Ungleichheit theoretisch wieder aufzuheben, um die Einheit wieder herzustellen. Dies sei das Wesen des Marxismus, bei dessen Erfolg es unweigerlich zum »Ende der Geschichte« kommen müsse, da aus neurechter Sicht in einer Gesellschaft von »Gleichen« keine Entwicklung mehr möglich ist.

Ebenso wie im »Judenchristentum« sei im Marxismus Geschichte ein »Unfall«, eine Folge der Klassenspaltung, die mit der Aufhebung der Klassenspaltung enden werde, parallel zur »ewigen Seligkeit«.

Neben diesem »fremden« linearen Geschichtsbild zeichne sich jedoch schon die neue »epochale Tendenz« ab, die sich in ihrer ersten, »mythischen« Phase befinde, »schon seit über einem Jahrhundert in der Luft der deutschen und europäischen Kultur schwebte«[176] – und von Nietzsche und Richard Wagner erstmals als »Mythus« angedeutet worden sei. Die bisherige »lineare« Geschichtszeit sei eine »vulgäre«, auf der Erscheinungsebene verbleibende Auffassung, »dagegen ist die Entdeckung der ›eigentlichen Zeitlichkeit‹, der Dreidimensionalität der Geschichtszeit eben ein kultur-historisches Novum, das übrigens noch nicht zum klaren Bewußtsein seiner eigentlichen Träger gelangt ist.«[177]

Diese neue »epochale Tendenz« könne zu einer »Geschichtswende« führen, wie Nietzsche angedeutet habe, der »dem egalitaristischen Willen seinen Willen zum Übermenschen entgegensetzen« wollte. Allerdings könne diese neue Tendenz noch nicht klar formuliert werden, da sie sich ja noch im Stadium der »Intuition« und des »Mythus« befände. Auch die bildliche Darstellung als Kugel, die von konservativen und neurechten Theoretikern gelegentlich verwendet wird, sei unzureichend, da Geschichte eigentlich sogar vier Dimensionen habe, drei zeitliche und eine räumliche, und Vierdimensionalität unanschaulich sei. Im Stadium des »Mythus« gehe es auch weniger um anschauliche Darstellung als um die Wahl zwischen »epochalen Möglichkeiten«.

Entscheidender Punkt des »neuen« mehrdimensionalen Geschichtsbildes ist, daß die Richtung der geschichtlichen Entwicklung allein von der Willensentscheidung des Menschen abhängt. Von dieser Anschauung aus faßt der Mensch »Geschichte als den materiellen Rahmen eines Programms auf, dessen Verwirklichung einzig durch seinen Willen entschieden«[178] wird. Der »Mythus« werde konkretisiert durch den »handelnden Glauben«, wie es geschehen sei durch die Nietzsche-Anhänger der Konservativen Revolution, von denen insbesondere die »Leninisten dieser Revolution positiv Geschichte machten.«[179] Nicht nur die Leser von Armin Mohler, an die sich Locchi mit dieser verschlüsselten Andeutung wendet, werden verstehen, wer mit den »Leninisten« der »Konservativen Revolution« gemeint ist, gilt doch Lenin der »Neuen Rechten« als Synonym für die notwendigen Abstriche von der »reinen Theorie«, wenn deren Vertreter die Macht behaupten müssen. Interessant ist auch, daß Locchi in diesem verschlüsselten Hinweis zugibt, was sonst von rechter Seite vehement abgestritten wird, nämlich daß Hitler nur ausgeführt hat, was von Teilen der »Jungkonservativen« theoretisch vorbereitet worden war.

Wesentlicher Inhalt des neurechten Geschichtsbildes ist also der Aufruf zu einem »neuen Anfang« der Geschichte durch eine Willensentscheidung und das Wiederanknüpfen an ein »als Ursprung verstandenes Geschichtliches, ... im neuesten Ausblick auf ein zukünftiges Europa – Indogermanentum. Und das heißt immer auch ...: handelnde Überwindung der herrschenden verfallenden ›egalitaristischen‹ Gegenwart, Zerstörung der abendländischen juden-christlichen Tradition.«[180]

Mit diesem Geschichtsbild korrespondiert eine Vorstellung der Welt als ewiges Chaos, dem nur der Mensch durch seinen »Willen« eine Form und eine Ordnung geben kann als der mythische »Herr der Formen« im Sinne Ernst Jüngers.

»Die Krise ist das elementare Gesetz des Lebens. Wenn die Krise als Herausforderung wahrgenommen wird, spornt sie die Tatkraft an . . .«[181]

In dieser Sicht erscheint die Welt als im Grunde unveränderlich, die Verhältnisse als überzeitlich, da sie dem »elementaren Gesetz des Lebens« entspringen. Konkret wird hier die Krisenhaftigkeit des Kapitalismus mythisch überhöht als »tragisches Schicksal« welches z. B. durch eine Veränderung der ökonomischen Verhältnisse zu überwinden illusionär und daher schädlich sei, da die »Lebensgesetze« letztlich nicht beeinflußbar seien. Der Mensch hat nur die Möglichkeit, sich dem ewigen Chaos zu stellen, heroisch und gleichzeitig tragisch sein Schicksal zu erfüllen und seinen Wert aus dem Heroismus abzuleiten, mit dem er der letztendlich unüberwindlichen Krise entgegentritt, wie es dem »alten, promethischen Geist« der Europäer entspreche.

»Gestern fand der Mensch in der Krise den Grund seiner Handlungen, seines Einsatzes, seines Willens zur Macht und Selbstbehauptung.«[182]

Zusammenfassend wird also behauptet, weder in der Welt noch in der gesellschaftlichen Entwicklung seien irgendwelche Gesetzmäßigkeiten erkennbar, durch deren Kenntnis es möglich wäre, den weiteren Verlauf der Entwicklung zu beeinflussen bzw. bewußt zu gestalten. Indem er solche Gesetzmäßigkeiten behaupte, führe der Sozialismus in eine Sackgasse, zum »Ende der Geschichte« und der Menschheitsentwicklung, indem er den Willen, der Geschichte eine Form zu geben, ersetze durch die Unterordnung des Menschen unter den Geschichtsverlauf. Die einzige Möglichkeit, die Zukunft zu retten, liege in der Anerkennung des Chaos und der Krise als elementarem Lebensgesetz, damit in der Ablehnung des Sozialismus als sinnlosem Versuch, Krisen zu lösen. Im Rückzug auf den eigenen tragischen und heroischen Willen, der Welt eine Form und dem Geschichtsverlauf eine andere Richtung zu geben, liege das »Schicksal« und die »Sendung« Europas. »Aber aus dieser Bestimmung, deren wir gewiß sind, wird sich dieses Volk nur dann ein Schicksal erwirken, wenn es in sich selbst erst einen Widerhall, eine Möglichkeit des Widerhalls für diese Bestimmung schafft.«[183]

Dies ist der Aufruf zum »handelnden Glauben«, der allein den »Mythus« wirklich und artikulierbar machen kann. Allerdings bekommt man spätestens bei dem Hinweis auf die »Leninisten der konservativen Revolution«, die in diesem Sinne »positiv Geschichte gemacht« haben, durchaus eine konkrete Vorstellung, zwar nicht von der Vierdimensionalität der Geschichte, aber von den Folgen der »Verweltlichung« dieses »Mythus«. Man könnte daher auf die Idee kommen, verhindern zu wollen, daß die »Neue Rechte« der Geschichte die ihrer Ideologie gemäße »andere Richtung« gibt, besonders wenn man ihr Verhältnis zu dem bereits einmal realisierten »Mythus vom Übermenschen« etwas näher betrachtet.

4. Abgrenzung vom Faschismus?

Die »Neue Rechte« in der Bundesrepublik wird nur ungern als »rechtsextremistisch« oder gar »neofaschistisch« eingestuft, gerät man dadurch doch leicht in den Verdacht, den Faschismus-Vorwurf zu inflationieren und allzu oberflächliche Parallelen zu ziehen. Insbesondere scheinen ihr intellektueller Anspruch und ihre eigene Abgrenzung vom Dritten Reich den Faschismus-Verdacht von vorneherein abzuweisen, umso mehr, als sie sich auf Personen wie Otto Strasser oder Ernst Niekisch beruft. Auch das so linksdriftige Vokabular und die taktische Annäherung an die Ökologie- und Friedensbewegung, um diese zu »nationalisieren«, sowie die – in ihrem Kern allerdings antisowjetische – Russophilie machen es gerade der bundesdeutschen Linken schwer, diese neue Bewegung auf der Rechten eindeutig einzuschätzen.

Eine wesentliche Unsicherheit gegenüber der »Neuen Rechten« rührt von der gängigen Gleichsetzung von Faschismus im allgemeinen mit der zur Macht gekommenen Variante des Hitler-Faschismus her. Dabei wird übersehen, daß es vor und während des Dritten Reiches zahlreiche ideologische Strömungen gab, die sich hauptsächlich in Strategie und Anhängerschaft, aber keineswegs in Grundpositionen von der Hitler-Linie unterschieden, wie sich auch daran zeigt, daß viele unterschiedliche Strömungen bis auf höchster Ebene in der NSDAP vertreten waren, so die Gebrüder Strasser, etliche »jungkonservative« Mitglieder des »Juni-Clubs« usw.[184]

Die Verfolgungen von Hitler-Gegnern bis hin zu ihrer Inhaftierung oder Hinrichtung waren keineswegs Ausdruck von »antifaschistischen« Einstellungen in der NSDAP und ihrem Umfeld, sondern vielmehr von innerfaschistischen Macht- und Flügelkämpfen, deren blutiger Höhepunkt der sogenannte »Röhm-Putsch« war, der Vorwand für die Liquidierung der stärksten Konkurrenten Hitlers um die Macht im faschistischen Deutschland.[185] Die Tatsache, daß sie im Kampf um die Macht gegen die Hitler-Linie unterlagen, macht Ernst Niekisch oder Otto Strasser noch nicht zu »Antifaschisten«, sondern lediglich zu »Anti-Hitleristen«, wie ihre eigenen ideologischen und programmatischen Aussagen belegen.[186] Ebensowenig kann der frühe Tod Arthur Moeller van den Brucks darüber hinwegtäuschen, daß er der NSDAP keineswegs feindlich gegenüberstand und wesentliche ideologische Vorarbeit zu ihrer Machtergreifung leistete.[187] Ebenso wie diese Hitler-Gegner grenzt sich auch die »Neue Rechte« keineswegs vom NS-Regime als ganzem, sondern nur von der Hitler-Linie ab, und auch da nur von den »Fehlern«, die zum Untergang des Dritten Reiches geführt haben.

Die »Abgrenzung« der »Neuen Rechten« vom Hitler-Faschismus ist nichts anderes als eine Auswertung der Fehler, die seine Pläne letztendlich scheitern ließen, zusammen mit der Entwicklung zeitgemäßer Verbesserungen an Ideologie und Strategie, also eine Aktualisierung des Faschismus.

Die »an die Wurzel gehende Kritik des Nationalsozialismus« durch die »Neue Rechte« besteht im Wesentlichen aus vier Punkten:

– Kritik an der »europäisch-reaktionären Konzeption«, d. h. an der Einschätzung, Deutschland könne allein zur Großmacht werden, die Sowjetunion niederringen und ein Kolonialreich erobern. Dadurch sei die Unterstützung der nationalen Kräfte in den anderen europäischen Staaten vernachlässigt worden, die politischen Veränderungen hätten einleiten können, um im Lager der Westmächte nationalistische Regierungen als Bündnispartner für das Dritte Reich zu installieren. Diese Unterlassung wurde gegen Ende des Zweiten Weltkrieges bereits von den Nationalsozialisten selbst erkannt und bildet auch den Hauptkritikpunkt ehemaliger Kollaborateure und Mitglieder der »europäischen SS« – Verbände wie Pierre de Pringet oder Jean Mabire am »Dritten Reich«. In diesem Sinne nimmt Henning Eichberg die »europäisch-antibolschewistischen Verbände der Spätzeit«[188] ausdrücklich von seiner Kritik aus. Noch deutlicher drückt sich Sir Oswald Mosley, einer der ersten Vertreter der »europäisch-fortschrittlichen Konzeption« des Faschismus aus:

  »Nationalsozialismus und Faschismus waren Erscheinungen des imperialistischen Zeitalters, an dessen Grundirrtümern ihre besten Absichten und Werke schließlich scheitern mußten.«[189]

Die Antwort der »Neuen Rechten« auf diese »Grundirrtümer« ist die Entwicklung des »Ethnopluralismus« als einer scheinbar antiimperialistischen Bündnisideologie, die alle im weitesten Sinne europäischen Völker und Staaten miteinbezieht. Ausgehend von diesem den realen Kräfteverhältnissen in der Welt Rechnung tragenden Konzept kann sie hoffen, die »besten Absichten und Werke« des Nationalsozialismus doch noch zu verwirklichen.

– Im engen Zusammenhang mit dem neuen »ethnopluralistischen« Europa-Konzept steht auch die Ablehnung des nationalsozialistischen Rassismus als »Überbetonung der nordischen Rasse gegenüber den tatsächlichen Gegebenheiten der drei Großrassen.«[190] Auch hier dürfte die Einschätzung grundlegend gewesen sein, daß sich allein mit der »nordischen Rasse« gegen die beiden »Supermächte« nicht viel ausrichten lassen wird, und man so wichtige und ökonomisch starke Bündnispartner wie Frankreich verlöre. Was den Rassismus im allgemeinen betrifft, so hat sich gezeigt, daß die »Neue Rechte« die Vorgänge in der Welt und die Bedürfnisse der europäischen Wirtschaft realistisch genug einschätzt, um dem gewachsenen Selbstbewußtsein und politischen Gewicht der Länder der sog. »Dritten Welt« Rechnung zu tragen. In diesem Punkt kann sie sich zudem auf den »Vater des Solidarismus« berufen, denn: »Eine Verschiedenartigkeit der Rassen wurde von den Strassers anerkannt, jedoch – im Gegensatz zu Hitler und Rosenberg – keine Verschiedenwertigkeit daraus gefolgert, denn jedes Volk habe seine Daseinsberechtigung . . .«[191], aber, wie wir gesehen haben, eben verschiedene Möglichkeiten und Fähigkeiten, die seine Bedeutung in der »Gemeinschaft der Völker« bestimmen. Damit bleibt die neurechte Abgrenzung vom Rassismus eine rein verbale, die das Wort »minderwertig« durch das Wort »anders« ersetzt, bei gleichbleibenden Konsequenzen.

– »Es hat seine volle Berechtigung und ist keineswegs ein Zeichen von Nestbeschmutzung, wenn nach dem, was geschehen ist, vom neuen Nationalismus in Deutschland eine klare Stellungnahme zum Antisemitismus gefordert wird.«[192]

Das erste Motiv für die Abgrenzung vom Antisemitismus liefert Henning Eichberg hier mit der Andeutung der Greueltaten und des Massenmordes an sechs Millionen Juden durch die NS, was auf keinen Fall mit dem »Kampf gegen Völkermord« in Einklang zu bringen wäre. Zudem entspricht das gegenwärtige Erstarken des Zionismus in Israel durchaus den Vorstellungen der »Neuen Rechten« und es wird von ihr beifällig vermerkt, wenn z. B. die

Ministerpräsidentin Israels erklärte, Mischehen seien die größte Gefahr für die jüdische Nation.«[193]

Andererseits fragt man sich, was unter einer »klaren Stellungnahme zum Antisemitismus« zu verstehen ist, wenn in der neurechten Weltsicht alles Übel in der Welt letztendlich aus der »Überfremdung« der »indogermanischen Völker« durch das »Judeo-Christentum« entstanden ist, das auf den Nenner »Egalitarismus« gebracht nach wie vor der allgegenwärtige, »zersetzende« Feind der Völker ist. Der Unterschied zum NS-Antisemitismus besteht hauptsächlich darin, daß der völkische Träger des »Judeochristentums« dank der Aktivitäten des NS-Regimes in Europa kaum noch existiert, somit keine rassische »Überfremdung« mehr zu befürchten ist. Eine Aussiedlung der Juden wäre auch für die NS eine akzeptable Lösung gewesen, hätte sie sich nur realisieren lassen[194], und gegen die Juden in Israel als ihrem eigenen »Territorium« ist aus völkischer Sicht nichts einzuwenden. Am Feindbild hat sich dadurch allerdings wenig geändert, ob nun das »Weltjudentum« oder das »egalitäre Weltsystem«, der Verursacher bleibt derselbe, das dahinterstehende Motiv ebenso: Völkischer Antisemitismus, nur in seiner Konkretisierung der gegenwärtigen Realität angepaßt.

– Als vierte »Trennungslinie« zum Nationalsozialismus gilt das »Führerprinzip«, ebenfalls in Analogie zu Otto Strasser, der dies als einen Hauptgrund für seinen Austritt aus der NSDAP angab[195], obwohl sein eigenes Konzept in der Gestalt des »Reichspräsidenten« dieselbe Machtfülle auf eine Person konzentrierte, allerdings unter anderem Namen und mit einem etwas weiter ausdifferenzierten politischen Unterbau. Ähnlich dürfte es sich auch mit den Konzepten der »Neuen Rechten« verhalten, deren »realistisches Menschenbild« und »Antiegalitarismus« kein demokratisches Modell zuläßt, auch wenn, wie in der Zeitschrift »wir selbst«, das Führerprinzip »basisdemokratisch« durchgesetzt werden soll (s. Kap. IV. 2. dieser Arbeit).

Insgesamt beinhaltet die »entschiedene Trennungslinie« zum Nationalsozialismus eine Aktualisierung und Verbesserung der ideologischen Grundmuster, auf denen sich das Konzept des »Dritten Reiches« aufbaute, ohne sie in der Substanz zu verändern, und den Entwurf einer neuen Strategie, die den aktuellen Erfordernissen angepaßt ist und die Fehleinschätzungen aufzuheben versucht, die letztendlich zum Zusammenbruch des Hitler-Faschismus geführt haben. Da diese Fehler jedoch schon gegen Ende des »Dritten Reiches«

gesehen und in die Planung für die Nachkriegszeit einbezogen wurden, darf man hier wohl von einer ungebrochenen Kontinuitätslinie sprechen. Darüber sollte auch das »linke« Vokabular und Image der »Neuen Rechten« nicht hinwegtäuschen.

V. Tendenzen der Vereinheitlichung

Ihrer eigenen Selbstdarstellung nach entstand die »Neue Rechte« ebenso wie die »Neue Linke« aus der »Ablehnung des politischen Establishments« heraus[196], als »Aufstand der Jugend« gegen die »Reaktionäre«, denen die Sicherheit und der Erhalt des Bestehenden wichtiger sei als der Fortschritt. Daher habe sie »mehr mit der Neuen Linken als mit der alten Rechten gemeinsam«[197]. Allerdings fallen in dieser Selbstdarstellung einige Widersprüche ins Auge, die die Abgrenzung von der NPD als dem Zentrum der »alten« Rechten in einem etwas anderen Licht erscheinen lassen.

Zum einen kann man wohl kaum behaupten, das zentrale Anliegen der NPD sei der Erhalt des Bestehenden, war doch von Anfang an ihre zentrale Forderung die »Wiedervereinigung« Deutschlands und die »Abschaffung der Systeme von Potsdam und Jalta«, also eine aggressive Veränderung des Bestehenden. Von diesem Ziel hat sich auch die »Neue Rechte« in keiner Weise distanziert, sie begab sich lediglich auf die Suche nach einer neuen Strategie zur Erreichung dieses Ziels, ist also weniger eine Gegenbewegung als vielmehr eine »Erneuerungsbewegung« der »alten« Rechten, die auf diese zurückwirkt und ihr wieder Auftrieb verschafft.

Den Anstoß zu dieser Erneuerung gab die spezielle Situation in den sechziger Jahren, in denen die Bundesrepublik zur zweitstärksten kapitalistischen Macht nach der USA wurde, also erneut zu einer offensiven Veränderung des außenpolitischen Status quo befähigt war, aber andererseits sich die öffentliche Meinung vom Revanchismus abwandte und besonders in der Studentenbewegung der tiefe moralische Bodenverlust des Imperialismus deutlich wurde. In dieser Situation mußten gerade die jüngeren Nationalisten an den Universitäten die Erfahrung machen, daß SDS und APO mit ihrer radikalen Ablehnung aller bürgerlichen Strukturen einschließlich des Parlamentarismus Massen mobilisierten und durch ihre Aktivitäten und Aktionen eine immer breiter werdende Öffentlichkeit erreichten, während die jungen Rechten durch ihre Nähe zur Wahlpartei NPD als Nachwuchs des »Establishments« ins politische Abseits gerieten, zumal sie weder eine Theorie noch spektakuläre Aktionen vorzuweisen hatten. Mochte die Lage der Bundesrepublik der Rechten auch noch so günstig erscheinen, die »kulturelle Hegemonie« wurde gerade von der Linken erobert, und zwar mit Mitteln, die einer legalen Partei wie der NPD, die sich zudem gerade anschickte, in den Bundestag einzuziehen, nicht zur Verfügung standen. Aus diesem Umstand heraus entstand die Kritik an der »laschen« und »reaktionären« NPD, die mit der Entwicklung einer neuen politischen Kultur nicht mithalten konnte, und die Suche der jungen Rechten nach neuen Formen unter der Leitlinie »Von der Linken lernen«.*

Das erste, was die »Neue Rechte« aus dem Erfolg der Studentenbewegung schloß, war die Notwendigkeit von mehr »Radikalität«, und zwar sowohl in Form eines neuen Aktivismus bzw. Terrorismus, als auch mittels einer ideologischen Offensive, denn »Die Linke kann es sich heute erlauben, die heiligsten Werte der Wohlstandgesellschaft zu attackieren«[198].

Daher erschien der »Neuen Rechten« der Zeitpunkt günstig, sich ebenfalls offen zur Ablehnung des Parlamentarismus zu bekennen, ein Schritt, den die NPD, die gerade im Bundestagswahlkampf stand, natürlich nicht mitvollziehen konnte. Allerdings hatte die »Neue Rechte« grundsätzlich andere Motive, den Parlamentarismus abzulehnen als die APO, nämlich die Ablehnung des »Gleichheitsprinzips«. Dazu berief sie sich ausgerechnet (wenn auch unter Pseudonym und falscher Quellenangabe[199]) auf den politischen Sachwalter der Interessen der Ruhrkonzerne seit Anfang des Jahrhunderts, den Vorsitzenden des »Alldeutschen Verbandes«, Heinrich Claß, der »schon vor einem halben Jahrhundert« (1912) das demokratische Prinzip mit den Worten widerlegt habe: »Es ist unmoralisch, den Würdigen, Fähigen, Reifen genauso zu behandeln, wie den Unwürdigen, Unfähigen, Unreifen. Es ist endlich ungerecht, durch die Massenstimmenzahl die Gebildeten zu entrechten.«[200]

Gleichzeitig diente die »Schwäche« des demokratischen Staates gegenüber den »antiparlamentarischen« Tendenzen auf der Linken als Rechtfertigung sowohl des eigenen Antiparlamentarismus als auch des Übergangs zu gewalttätigen Aktionen.

»Die Schwäche des demokratischen Rechtsstaates ist, daß er antiparlamentarische Tendenzen nur mit systemimmanenten Methoden beantworten will. (...) Der Illegalität kann aber nur auf gleicher Ebene begegnet werden. (...) Wenn die linken Linken mit dem

* So die programmatische Überschrift eines Artikels von Gerd Waldmann in »Nation Europa« 1969. Allerdings kommt dieses Konzept auch schon in früheren Artikeln der späteren Wortführer der »Neuen Rechten« zum Ausdruck, so z. B. Uwe Michael (= Michael Meinrad), Skizze des Radikal-Nationalismus, in: Nation Europa 6/68, S. 13 ff.

Holzhammer antreten, muß schon ein Niethammer bereitgehalten werden.«[201]

Soviel zu der größeren Gemeinsamkeit mit der »Neuen Linken«. Allerdings mußte sich auch die NPD von solchen »von den Linken gelernten« offenen Aufrufen zur Gewalt distanzieren, was jedoch keineswegs bedeutet, sie habe sich damit von der »Neuen Rechten« etwa als einer zu »linken« Gruppierung distanziert, hatten diese doch in aller Offenheit erklärt: »Mit den Mitteln der Linken müssen wir die linke Unruhe nach rechts umfunktionieren.«[202] Auch die »revolutionäre Qualität« der »Neuen Rechten« stellt lediglich eine verbale Gemeinsamkeit mit den Linken her und befindet sich in keinerlei Widerspruch zur Programmatik der NPD, denn die Tatsache, daß man »den außenpolitischen Status quo ändern muß . . . macht die revolutionäre Qualität des neuen Nationalismus aus . . .«[203]

Die Frage der Abgrenzung zwischen »alter« und »Neuer Rechter« hatte also zunächst nichts mit inhaltlichen Differenzen zu tun, sondern mit einer »Arbeitsteilung«, bei der der NPD die Legalität als Mobilisierungsgrundlage diente, der »Neuen Rechten« ein »radikaler« Aktivismus, von dem sie sich eine größere Attraktivität für die jüngere Generation versprach. So interpretierte sie ihren »Bruch« mit der NPD als Ausdruck des »politischen Generationskonfliktes« und sich selbst als Teil einer neuen Jugendbewegung, »weil uns Jungen der Draht zu einer Generation mit verkrümmten Rückgrat und bürgerlicher Bonhommie abgerissen ist«.[204]

»Jugend« wird hierbei nicht als Frage des Lebensalters begriffen, sondern in der Tradition von Arthur Moeller van den Bruck und den »Jungkonservativen« als Synonym für den »jungen«, »revolutionären« Veränderungswillen in bezug auf den außenpolitischen Status quo. A. Moeller van den Bruck entwickelte den Begriff »Jugend« als Rechtfertigung für den deutschen Expansionismus, der zum Ersten Weltkrieg führte, und so als »natürliches« Ergebnis jugendlicher Kraft dargestellt wurde, während »Alter« gleichgesetzt wurde mit Liberalismus, Imperialismus und Sicherheitsideal des Bürgertums.[205]

In dieser Tradition versteht sich auch die »Neue Rechte« als Teil der »jugendlichen Subkultur« und Jugendrevolte der sechziger Jahre und deren »Rebellion gegen die Konsumgesellschaft.«. »Aber es fehlte etwas: Noch verstand die junge Generation nicht, die Opposition gegen die faulende Gesellschaft mit der gegen den außenpolitischen Status quo zu verbinden.«[206] In dieser Gleichsetzung von »Jugend« mit »Nationalismus« kommt die strategische Zielsetzung der »Neuen Rechten« zum Ausdruck, die dem »Aufstand gegen die Reaktionäre«

und der »Verjüngung« der Argumentation zugrundelag, nämlich der Versuch, in demokratische Bewegungen einzudringen und diese zu »nationalisieren«, in der jüngsten Zeit besonders ausgerichtet auf die Ökologie- und Friedensbewegung. »Mit einem Wort: Die Anti-System-Bewegung mit nationaler Identität impfen, mit nationalistischem Befreiungselan anreichern, mit nationalrevolutionärem Bewußtsein aufladen, . . ., mit antikapitalistischem und antikommunistischem Bewußtsein aufladen, für d e u t s c h e Alternativen begeistern . . .«[207] (Sperrung im Original).

Gerade bei dem Versuch, von der Studentenbewegung zu profitieren, erwies sich jedoch das traditionelle Theoriedefizit der extremen Rechten als hinderlich, und auch die Übernahme von »linken« Begriffen und Lenin-Zitaten trug nicht dazu bei, daß die »Neue Rechte« in den Universitäten Fuß fassen konnte. »Um ihre Wiederkehr auf die Universitäten vorzubereiten, war die Schaffung einer eigenständigen theoretischen und politischen Plattform unabdingbar.«[208] Diese sollte gleichzeitig auf die NPD zurückwirken, um deren »ideologisches Vakuum« zu füllen.

Dieses für die traditionelle Rechte ungewöhnliche Phänomen der Herausbildung intelektueller Kader, theoretischer Zirkel und bald auch theoretischer Organe, die in einer bisher von »rechts« noch nie gehörten, mit marxistischen Termini gespickten Sprache Abhandlungen über politische, ideologische und philosophische Fragen brachten, löste allgemeine Verwirrung aus. Man erwartete traditionell von der Rechten Emotionalität, Irrationalität und in einer ressentimentgeladenen Sprache vorgetragene Wertediskussionen und Revanchismus, während man davon überzeugt war, daß der »Geist« links stehe. Diese Verwirrung über die neue intellektuelle Qualität auf der Rechten trug dazu bei, daß die Behauptung der »Neuen Rechten«, weder rechts noch links zu stehen, zunächst vielfach akzeptiert wurde.

Das Phänomen einer intellektuellen Rechten läßt sich jedoch nicht nur aus der Konfrontation mit der ersten Phase der Studentenbewegung erklären. Der Zusammenhang zwischen der Entstehung der »Neuen Rechten« und der Studentenbewegung besteht vielmehr darin, daß beide ein Reflex derselben gesellschaftlichen Veränderungen sind, die sich aus der Beendigung der wirtschaftlichen Wiederaufbauphase nach dem Zweiten Weltkrieg und den damit einhergehenden Übergang von der extensiv zur intensiv erweiterten Reproduktion in der Bundesrepublik ergaben. Die damit zusammenhängende Verwissenschaftlichung der Produktion erforderte sowohl eine unmittelbarere Verwertbarkeit von Forschung für die Wirtschaft, als auch Umstrukturierung der Lehre in Richtung auf einen neuen Typus von Hochschulabsolventen, der »praxisbezogen« ausgebildeten und unmittelbar in der Industrie einsetzbaren technischen Intelligenz. Dieses »Abschneiden alter Zöpfe« weckte in der antiautoritären Phase der Studentenbewegung Hoffnungen auf weitreichende gesellschaftliche Veränderungen, die vielfach in Resignation umschlugen, nachdem sich abzeichnete, daß es sich bei der sozialliberalen Hochschulreform lediglich um eine »Modernisierung« der Universitäten gemäß der Modernisierung der kapitalistischen Wirtschaft handelte.

Die intellektuelle Rechte dagegen konnte dem »wahren« Inhalt dieses Anpassungsprozesses von Anfang an positiv gegenüberstehen und sich darauf vorbereiten, die Lücke zu füllen, die eine »enttäuschte Linke« auch auf ideologischem Gebiet hinterlassen würde. Sie stellt sozusagen den ideologischen Vorreiter einer kapitalistischen Anwendung des wissenschaftlich-technischen Fortschritts dar, wie sich auch in ihrer Übernahme der Konkurrenz- und Leistungsideologie zeigt, die sie von der »unmodernen« alten Rechten abgrenzt.

»Die alte Rechte ... (will) traditionalen Eliten die Macht erhalten oder zurückgeben. Wir hingegen stehen für die radikale Demokratie. Eliten zeigen sich nicht an Privilegien, ... sondern an Leistungen, ... wir fordern die Nation als Leistungsgemeinschaft.«[209]

Damit zeichnet sich eine Entwicklung ab, in deren Verlauf die »Neue Rechte« als Reflex der Veränderungen in den modernen kapitalistischen Industriegesellschaften innerhalb des Rechtsextremismus zur hegemonialen Kraft werden könnte, deren Erfahrungsformen, Bewußtseinsstrukturen und kulturelle Ausdrucksformen die Basis der ideologischen Integration liefern.

Jedenfalls haben die »intellektualisierte« und aktualisierte Ideologie und die Argumentationsmuster der »Neuen Rechten« eine große Ausstrahlungskraft im gesamten Spektrum des Rechtsextremismus und darüber hinaus entwickelt. Es vollzieht sich ein Vereinheitlichungsprozess auf der Basis der attraktiveren, aktuelleren und von belastenden historischen Hypotheken gereinigten neurechten Ideologie. Die Kernorganisationen der »Neuen Rechten« selbst entwickeln ihre Argumentation weiter in Richtung auf Einwirkungsmöglichkeiten im demokratischen Spektrum, wobei der Hauptadressat der »linke Antikommunismus« ist.

1. »Solidaristen« und »Nationalrevolutionäre«

Der Kern der »Neuen Rechten«, der sich zunächst 1972 in der »Aktion Neue Rechte« (ANR) zusammenfand, machte in den folgenden Jahren nicht nur eine organisatorische, sondern auch eine inhaltliche Entwicklung durch, wobei beides in einem engen Zusammenhang zu sehen ist.

Bereits zwei Jahre nach der Gründung, im März 1974, spaltete sich die ANR in zwei Flügel. Der eine um den ehemaligen NPD-Landesvorsitzenden von Bayern, Pöhlmann, erstritt sich per Gerichtsbeschluß die Weiterführung des Namens, was allerdings im Widerspruch zu den inhaltlichen Trennungslinien stand, da der Pöhlmann-Flügel den Anschluß an Freys »Freiheitlichen Rat« und damit dessen »Kampf gegen Kriegsschuld- und Vergasungslüge« befürwortete.

Der andere Flügel, der sich zum Teil als »solidaristisch« in der Tradition von Otto Strasser, zum Teil als »sozialistisch« in der Tradition von Ernst Niekisch verstand, benannte sich um in »Nationalrevolutionäre Aufbauorganisation« (NRAO). Allerdings wurde bereits die konstituierende Konferenz dieser neuen Organisation von den »Solidaristen« boykottiert, die bereits einige Tage vorher in einer »kleinen Konferenz« die »Solidaristische Volksbewegung« mit Lothar Penz gegründet hatten, so daß in der NRAO, die sich jetzt »Sache des Volkes« nannte, nur die »Sozialisten« um Henning Eichberg verblieben.[210]

Diese neue Spaltung hatte allerdings keineswegs grundsätzlichen Charakter, wie sich bereits daran zeigt, daß sie mit strategisch-taktischen Differenzen und unterschiedlichen wirtschaftspolitischen Zielsetzungen begründet wurde, wobei doch letztere in neurechter Sicht lediglich als »Mittel des Politischen« betrachtet werden, also kaum von entscheidender Bedeutung sein können. Es handelt sich vielmehr um eine Ausdifferenzierung der »nationalrevolutionären« Grundsätze im Hinblick auf unterschiedliche Zielgruppen, so daß diese Spaltung keineswegs eine Schwächung der »Nationalrevolutionäre« bedeutete, sondern ihnen im Gegenteil ermöglichte, ein breiteres Potential anzusprechen. Diese Einschätzung trifft auch Bartsch, der den »Nährboden für eine national-revolutionäre Bewegung« für so günstig und weit verbreitet hält, daß eine Spaltung kein Fiasko wäre. »Sie könnte sich organisatorisch differenzieren, ohne den gemeinsamen Rahmen zu sprengen.«[211]

Die »organisatorische Differenzierung« führte zur Spezialisierung der sich in der Tradition von Strasser verstehenden »Solidaristen« um Lothar Penz auf die Ökologie-Bewegung, die ja zumindest in ihrer Entstehungsphase von bürgerlichen und konservativen Ansätzen geprägt war. Demzufolge fanden sich im »Solidaristischen Manifest« eher gemäßigt konservative Formulierungen, besonders in bezug auf das wirtschaftspolitische Konzept. Zumindest für die Klein- und Mittelbetriebe wurde das Privateigentum an Produktionsmitteln garantiert und der »Aufbau einer geregelten Markt- und Wettbewerbswirtschaft« gefordert. An die Stelle der Gewerkschaften sollten korporativistische Strukturen treten, in denen Unternehmer- und Belegschaftsinteressen koordiniert und gemeinsam umgesetzt werden. Im Wesentlichen handelte es sich also um ein integrationistisches und sozialpartnerschaftliches Modell der Zusammenarbeit von »Arbeit und Kapital« im »Lebensinteresse des Volksganzen«. Interessant ist die Ablehnung der »Revolution« als »Vernichtung des Lebens« und die Forderung nach der »Durchsetzung des Volksinteresses gegenüber den Einzelinteressen durch einen starken Volksstaat, der auf parlamentarischer Grundlage die Macht der klassenorientierten Verbände ... überwindet«.[212]

Gemäß dieser konservativen Orientierung fand die »Solidaristische Volksbewegung« (SVB) Bündnispartner im Spektrum der Rechten, wie die »Vereinigung für überparteiliche gesamtdeutsche Politik« oder die »Unabhängige Arbeiterpartei« der Strasserianer, und offensichtlich auch Geldgeber, da sie außer ihrer Zeitschrift »SOL« auch noch monatlich die »SVB-Informationen« herausgab.[213] Das Organ der »Sache des Volkes«, die »Neue Zeit«, konnte gleichzeitig aus Geldmangel nur vierteljährlich erscheinen, was Bartsch darauf zurückführt, daß diese sich mehr links gebende Organisation »in finanzkräftigen Kreisen des Bürgertums ebenso gefürchtet (ist) wie die Neue Linke.«[214]

Dagegen gab sich die SVB offen für alle politischen Richtungen in Anlehnung an den breiten Rahmen der Bürgerinitiativen, was zu einem Zuwachs an Mitgliedern führte, und trennte sich von dem möglicherweise unangenehmen Assoziationen weckenden Namensbestandteil »Volk«, indem sie sich in »Bund deutscher Solidaristen« (BDS) umbenannte und sich als »Partei der Neuen Mitte« darstellte.

Mit dieser Orientierung gerieten die »Solidaristen« allerdings gegen Ende der siebziger Jahre in Widerspruch zu der Entwicklung der Ökologie-Bewegung, die sich inhaltlich nach links weiterentwickelte, und wurden aus der »ökologischen Bewegung als braunverdächtig verdrängt, nachdem die K-Gruppen sich gegen die Konkurrenz ... gewehrt hatten.«[215]

Dagegen gab sich die »Sache des Volkes« (SdV) von Anfang an proletarisch und »sozialistisch«, da sie sich vor allem auf die zerfallende maoistische Bewegung spezialisiert hatte und deren Losung »Die Spaltung Deutschlands ist die Spaltung des deutschen Proletariats« umstandslos übernahm, bot sie doch einen willkommenen Ansatzpunkt für die Entwicklung der »nationalen Identiät«. Vor allem der Antikommunismus und die Bekämpfung des sowjetischen »Sozialimperialismus« seitens maoistischer Gruppierungen kamen der SdV zugute, denn der gemeisame Feind ließ die Schranken zwischen rechts und links überwindbar werden. »Die Bedrohung durch die UdSSR sei größer als der ideologische Widerspruch zwischen ›den Linken und den Rechten in der antiimperialistischen Einheitsfront‹.«*

Gemäß dieser Zielgruppe war das »Programm für Deutschland« der SdV gespickt mit »Revolutionen«, »revolutionären Kämpfen« und pseudomarxistischen Termini. Insbesondere wurde die Aufhebung des Privateigentums an Produktionsmitteln gefordert und die Leitung der Betriebe nach dem Prinzip der »Arbeiterselbstverwaltung«. Im Gegensatz zu den »Solidaristen« akzeptierten die »Nationalrevolutionäre« Gewerkschaften als »Interessenvertretung der Arbeitenden«, die ebenso wie die gesamte Gesellschaft nach »basisdemokratischen Prinzipien« aufgebaut werden sollten. »Die Parteien sind neben der basisdemokratischen Willens- und Entscheidungsbildung zusätzliche Instrumente politischer Meinungsbildung. Als Organisationsformen verschiedener Ideologien werden sie anderen Weltanschauungsvereinen gleichgesetzt.«[216]

In der Folge dieser Konzessionen an die proletarische Orientierung der K-Gruppen brach 1978 innerhalb der SdV ein Konflikt um die

---

* Dieses Zitat wird den maoistischen Teilnehmern an der »Konferenz von Lissabon über die russische imperialistische Bedrohung« im Mai 1978 zugeschrieben (S. Antiimperialismus von rechts?, in: Nation Europa 9/78, S. 51). Die »Lissabonner Konferenz« war von dem konterrevolutionären »Nationalen Komitee« in Portungal initiiert worden, um eine »Einheitsfront gegen die Bedrohung durch den russischen Imperialismus« zu bilden, eine Art internationale »antibolschewistische Liga«. Aus der Bundesrepublik nahmen neben CDU-Politikern Mitglieder der maoistischen KPD (nicht zu verwechseln mit der heutigen KPD, die eine Umbennenung der KPD/ML ist) – u. a. der Chefredakteur ihres Zentralorgans »Rote Fahne« und der Chefredakteur der Westberliner Zeitschrift »Befreiung«, in der neben Rudolf Bahro auch Henning Eichberg programmatische Artikel schreibt – und der Vorsitzende der »Marxisten-Leninisten Deutschlands« (MLD) teil. Dessen Kommentar zu den Ergebnissen der »Lissabonner Konferenz« zeigt deutlich, daß »linker« Antikommunismus und »nationale Frage« zu Umschaltstellen für Linke auf rechten Positionen werden können. Vgl.: Interview mit Heiner Hügel, »Zur Lissabonner Konferenz«, in: Jan Peters, Alternativen zum Atomstaat, Berlin 1979, S. 417 ff. Ebd., S. 423 auch die Liste der Konferenzteilnehmer.

Organisationsstrukturen auf. Sven Thomas Frank, einer der frühesten »Maoisten-Freunde« in der »Neuen Rechten«, plädierte für ein streng zentralistisches Organisationsmodell im Sinne der K-Gruppen, Henning Eichberg hielt eine unverbindlichere Organisationsstruktur nach dem Vorbild der »Basisgruppen« für sinnvoller.

Die »Zentralisten« unterlagen in dieser Auseinandersetzung und verließen die SdV, was deren spätere Wiedervereinigung mit den »Solidaristen« erleichterte. Allerdings arbeiten die »Zentralisten« nach wie vor zusammen mit den wiedervereinigten »Solidaristen« und »Nationalrevolutionären« in der Redaktion des nunmehr gemeinsamen Organs »Neue Zeit«.[217]

Nach Bartsch hat sich noch ein dritter Strang der »Nationalrevolutionäre« gegen Ende der siebziger Jahre herausgebildet, die sogenannte »zweite Generation«. Diese käme im Gegensatz zur »ersten Generation« nun aus der »Neuen Linken«, »aus der weitgehend zusammengebrochenen maoistischen-ML-Bewegung, die eine nationalbolschewistische Neigung kultiviert hatte«.[218]

Es ist schwer einzuschätzen, inwieweit dieser Behauptung von Bartsch Glauben geschenkt werden kann, bzw. es sich um eine taktische Behauptung handelt, um damit tatsächliche Einbrüche in das Spektrum der ehemaligen ML-Bewegung zu erreichen. Der Umstand, daß auch diese »zweite Generation« innerlich gespalten ist in eine »proletarische Tendenz« und eine »alternative, mehr subkulturelle«, legt die Vermutung nahe, daß es sich um eine Einigungsbewegung von »Solidaristen« und »Nationalrevolutionären« handelt, die sich im Hinblick auf die deutliche Linksentwicklung der außerparlamentarischen Bewegung als ihrem anvisierten Potential ebenfalls einen ausgeprägteren linken Habitus gibt. Ihre als Kompromiß zwischen den beiden Polen deklarierte »Nationalrevolutionäre Plattform« enthält weite Teile des früheren »Programms für Deutschland« der SdV. Neu ist die Einführung von Termini wie »Klassenkampf« und »Klassenherrschaft in Ost und West«, die jedoch nicht gestürzt, sondern »in der Volksgemeinschaft« aufgelöst werden soll. Es ergibt sich also inhaltlich keinerlei Widerspruch zu den Aussagen von SdV und BDS.[219]

Die »Nationalrevolutionäre Plattform« ist kaum noch von einem maoistischen Programm zu unterscheiden, was natürlich auch mit der Entwicklung der maoistischen Bewegung in den letzten Jahren zusammenhängt. Es wäre aber auf jeden Fall eine Fehleinschätzung, daraufhin alle maoistischen Gruppen, bzw. deren Reste, der »Neuen Rechten« zuzuordnen, oder umgekehrt die »Nationalrevolutionäre« als Fortsetzung der maoistischen Bewegung zu betrachten. Da den Aussagen Bartschs nur sehr bedingt vertraut werden kann, bleibt die Einordnung des »Nationalrevolutionären Koordinierungsausschusses« als der Organisation der »zweiten Generation« leider ungenau. Allerdings ist ihnen ebenso wie den anderen neurechten Gruppierungen vorzuwerfen, daß sie die wahren Ursachen der gegenwärtigen Krisenprozesse verschleiern, anstatt ihre Veränderung anzustreben. Die zunehmenden ökonomischen und sozialen Probleme der Bundesrepublik sind keine Folge der deutschen Teilung, sie können ihre Lösung nicht in der »nationalen Identität« finden. Aber die »Nationalrevolutionäre« tragen dazu bei, besonders junge Intellektuelle oder arbeitslose Jugendliche für Scheinlösungen reaktionärer Provenienz anfällig zu machen, auch wenn sie selbst wahrscheinlich nicht an die Schaltstellen der Macht kommen werden.

2. Rückwirkungen auf die NPD

Es wäre eine völlige Verkennung der Strukturen im Lager des Rechtsextremismus, wenn man annehmen würde, die Entwicklung einer »nationalrevolutionären« jungen Rechten habe den Einfluß oder die Bedeutung der NPD verringert. Im Rahmen der Arbeitsteilung innerhalb des rechten Spektrums hat die NPD nach wie vor die zentrale Funktion einer Wahlpartei des Rechtsextremismus, die das politische Gewicht des gesamten Spektrums im Rahmen der parlamentarischen Demokratie zusammenfaßt und wirksam werden läßt. Diese Funktion setzt dem Handlungsspielraum der NPD Grenzen, da ihre oberste Richtlinie die Wahrung der Legalität sein muß, um keine Angriffspunkte für ein Verbot der Partei zu bieten. Zum anderen ist eine weitere Aufgabe der NPD, nicht nur aktive und überzeugte Parteigänger der extremen Rechten zu sammeln, sondern gerade dem »unpolitischen« Bürger, der emotional rechts steht, eine Alternative zu bieten, seine Unzufriedenheit mit den etablierten Parteien zu artikulieren. Diese beiden Hauptaufgaben verbieten es der NPD, sowohl zu aufsehenerregenden und militanten Methoden der Mobilisierung zu greifen, als auch sich allzu offen in die Tradition des deutschen Faschismus zu stellen.

Letzteres Defizit der Einbeziehung alteingesessener Parteigänger des Nationalsozialismus wird aufgefangen durch Freys »Deutsche Volksunion« (DVU), die sich auf der Linie der NS-Rehabilitierung »gegen Kriegsschuld- und Vergasungslüge« ausdrücklich als »Sammlungsbewegung«, nicht als Partei konstituierte, um dieses Potential zusammenzufassen und gegebenenfalls einzusetzen, ohne damit die NPD zu diskreditieren. Nichtsdestoweniger besteht eine enge Zusammenarbeit zwischen NPD und DVU, wie sich auch an Freys NPD-Eintritt im Juni 1975 und seinem baldigen Einrücken in den Parteivorstand im Oktober desselben Jahres zeigte[220], oder daran, daß das Organ der NPD seit drei Jahren bei Frey im Verlagshaus Waiblingen gedruckt wird.[221]

Den anderen Strang der Mobilisierung und Aktivierung des passiven Potentials durch spektakuläre Aktionen zu übernehmen, war von Anfang an eines der erklärten Ziele der »Neuen Rechten«.

»Es geht darum, die Entscheidung des ›kleinen Mannes‹ – die nach wie vor ›emotional bedingt‹ rechts gerichtet ist – durch jugendlichen revolutionären Schwung aus der Passivität herauszuheben und ihn über die Grenzen seiner andressierten Ohnmachtspsychose hinauszustoßen . . .«[222]

Da die neurechten Wortführer kaum annehmen konnten, daß sich der »kleine Mann« einer nationalrevolutionären Jugendbewegung anschließt, oder auch nur den Rahmen des Parlamentarismus verläßt, kann es sich hier nur um eine Aktivierung alter Ressentiments zugunsten einer Wahlentscheidung für die NPD handeln.

Aber nicht nur der neue Aktivismus, sondern in noch höherem Maße die Entwicklung neuer Argumentationsmuster und einer aktualisierten Ideologie wirkte positiv auf die NPD zurück. Innerhalb weniger Jahre stellte sie sich vollständig auf die neuen theoretischen Grundlagen um, die gerade ihrer Funktion als Wahlpartei besonders dienlich sind. In einer Situation der sich zuspitzenden Krise kann die NPD ihre Auffangfunktion um so besser wahrnehmen, da sie sich nun mit einem von peinlichen historischen Rückbezügen gereinigten Konzept für die Zukunft vorstellen kann, das an den aktuellen Problemen ansetzt und eine tatsächliche »Alternative« im eingangs erwähnten Sinne darstellt.

Ausgegangen war diese »ideologische Erneuerung« der NPD von ihrer Jugendorganisation, den »Jungen Nationaldemokraten« (JN), bei denen die »nationalrevolutionäre« Ideologie frühzeitig verankert werden konnte. In den frühen siebziger Jahren betrachteten sich bereits zahlreiche JN-Ortsgruppen gleichzeitig als »nationalrevolutionäre Basisgruppen« und traten nach außen als »Nationalrevolutionäre« auf, während sie nach innen versuchten, auf den Kurs der NPD Einfluß zu nehmen. »Dieser Doppelcharakter reißt einen Zwiespalt in ihnen auf, der nur dadurch geschlossen werden kann, daß entweder alle NPD-Landesverbände auf den Kurs der Nationalrevolutionäre oder diese auf den Kurs einer nationalkonservativen Politik gebracht werden.«[223]

Er wurde auf die erstere Art gelöst, auch wenn Bartsch noch 1976 innerhalb der JN selbst fünf verschiedene Strömungen gleichberechtigt nebeneinander stellte, nämlich eine hitleristische, eine nationalkonservative, eine nationaleuropäische, eine deutsch-sozialistische und eine nationalrevolutionäre, und einschätzte, es habe sich »die parteitreue und überwiegend nationalkonservative Linie durchgesetzt«.[224]

Allerdings zeigte sich in den »Thesenpapieren« der »Jungen Nationaldemokraten«, die in den Jahren 1976–1979 erarbeitet und von den alljährlichen Bundeskongressen verabschiedet wurden, daß sich die nationalrevolutionären Argumentationsmuster vollständig durchgesetzt hatten. Unter den Stichworten »Nationalismus«, »Europa«, »Sozialismus« und »Ökologie« wurden hier Ethnopluralismus, nationale Identität, europäischer Sozialismus und Ökologie im Sinne der »Lebenssicherung des Volkes« dargestellt, auch die neue Wendung gegen das Doppelfeindbild der »imperialistischen Supermächte« USA und UdSSR fehlte nicht.[225]

In der Mutterpartei dauerte der Umstellungsprozeß naturgemäß etwas länger, da die hauptsächlich nationalkonservativen und altfaschistischen Mitglieder erst einmal überzeugt werden mußten, daß die neue Terminologie keine Abstriche an den alten Zielsetzungen bedeutete, sondern vielmehr deren Durchsetzung nur um so besser diene.

Im Hinblick auf die Europawahlen 1978 legte die NPD den europäischen Parteien der nationalistischen Rechten eine als Einigungsplattform gedachte »Europa-Konzeption« vor, in der gegen die »Imperialisten in Ost und West« als »Dritter Weg« das vereinigte »Europa der Volksgemeinschaften« auf der Grundlage des »Ethnopluralismus« gefordert wurde.[226]

Die vollständige »Wende« war der NPD-Parteitag 1982 in Germersheim, auf dem der programmatischen Rede des Parteivorsitzenden Mußgnug, die ausschließlich in »nationalrevolutionärem« Vokabular gehalten wurde, bei nur zwei Gegenstimmen zugestimmt wurde.[227] Seitdem gibt sich die NPD als »ethnopluralistische«, »ökologische« und »soziale« Alternative zum »erstarrten Bonner Parteiensystem von SPD-FDP-CDU-CSU«[228] und ist damit wieder in ihrer Auffangfunktion eingerückt, die sie seit der Niederlage 1969 eingebüßt zu haben schien.

3. Umschaltstellen für »alte« Rechte

Die Entstehung und Entwicklung der »Neuen Rechten« in der Bundesrepublik darf nicht darüber hinwegtäuschen, daß das zahlenmäßig stärkste und in seiner »Linientreue« zuverlässigste Potential des Rechtsextremismus nach wie vor die »alte« Rechte darstellt. Gerade den »alten Kämpfern« ist mehr an einer Rehabilitierung des NS-Regimes – ohne irgendwelche linksopportunistischen Bemäntelungsversuche – gelegen als an der Verkündung eines neuen »europäischen Sozialismus«. Dies läßt sich auch daran ablesen, daß Freys »Deutsche Volksunion« mehr »Kämpfer gegen Kriegsschuld- und Vergasungslüge« sammeln konnte, als die NPD und »Neue Rechte« Verkünder der »nationalrevolutionärem« Ideen für eine Neuordnung Europas (siehe Einleitung). Auch unter den Jugendlichen entwickelt das unumwundene Bekenntnis zum »Dritten Reich« noch eine beträchtliche Anziehungskraft, so daß Michael Kühnen in seiner inzwischen verbotenen ANS mit dem erklärten Ziel der NSDAP-Neugründung einen festen Gefolgschaftsstamm militanter Neonazis sammeln konnte und seinen Einfluß bis in Fußballfanclubs wie die »Borussenfront« oder »Skinhead«-Gruppen ausdehnen konnte.[229]

Die Adressatengruppen dieser Organisationen sind militante Altfaschisten und ebenso militante, meist proletarische Jugendlich. Letztere kommen hauptsächlich aus den marginalisierten Schichten der Arbeitslosen bzw. gar nicht erst zur Ausbildung Gekommenen, stellen also explizit nicht-intellektuelle oder antiintellektuelle Gruppen dar, die weder von der auf Legalität bedachten NPD, noch von der intellektuellen »Neuen Rechten« angesprochen werden können. Gerade wegen ihrer Militanz und Beständigkeit aber sind sie für den Rechtsextremismus unverzichtbar, sowohl bezüglich der Einschüchterung von Ausländern, Linken und anderen »inneren Feinden«, als auch im Hinblick auf das Aufrütteln der »schweigenden Mehrheit« aus ihrer »Ohnmachtspsychose«. Daher dürfen sie keinesfalls durch die neuen ideologischen Entwicklungen verunsichert oder gar zur Abgrenzung veranlaßt werden, sind sie doch Bündnispartner für NPD und »Neue Rechte« auf dem Weg zur Erlangung der »kulturellen Hegemonie«.

Daraus ergibt sich einerseits die Notwendigkeit getrennter Organisationen mit unterschiedlicher Ausrichtung, deren Zusammenhang und Kontinuität durch personelle Verflechtung gewahrt bleibt[230], andererseits müssen spezielle Zugänge zum Verständnis der neuen

Ideologie geschaffen werden, um, wenn nicht die Übernahme, zumindest die Erkenntnis zu fördern, daß sich die neue Linie keineswegs gegen die »alte« Rechte richtet.

Als wichtige ideologische Umschaltstelle für die »alten Kämpfer« dient die französische Kollaboration mit dem »Dritten Reich«. Diese erweist sich als günstig in zweifacher Hinsicht: Zum einen haben die Protagonisten der Kollaboration ihre Treue zum NS-Faschismus u. a. durch einen Beitritt zu den SS-Verbänden (und besonders durch die letzte Verteidigung der Reichskanzlei 1945 durch »europäische« SS-Verbände) genügend unter Beweis gestellt, um für die »alten Kämpfer« akzeptabel zu sein, zum anderen waren sie zumindest an der Judenvernichtung und den Kriegsverbrechen der NS nicht direkt beteiligt. Von daher können sie sich auch in der bundesrepublikanischen Öffentlichkeit ungehinderter in »kritischer Solidarität« zum »Dritten Reich« äußern, als dies deutschen Aktivisten aus der NS-Zeit möglich wäre. So tauchten gegen Ende der siebziger Jahre in der BRD Veröffentlichungen ehemaliger französischer Kollaborateure auf, die über die Beschreibung der heroischen Taten und unbedingten Gefolgstreue der französischen SS-Verbände zu einer Auswertung der Niederlage des Hitler-Faschismus überleiteten. Diese beinhaltet im Kern die Kritik an Hitlers »europäisch-reaktionärer Konzeption« und seiner mangelnden Achtung für die nationalen Bewegungen in anderen europäischen Staaten, wodurch die Möglichkeit von effektiven Bündnissen verhängnisvoll eingeschränkt worden sei.[231]

Kann schon der Umstand, daß einer der Autoren, Jean Mabire, Gründungsmitglied der neurechten franzöischen GRECE ist, als Hinweis darauf gewertet werden, daß die Kollaborationsbücher der Sympathiewerbung unter den »alten Kämpfern« für die neurechte Ideologie dienten, so wird dies noch deutlicher, wenn man sich die Publikationsfolge des neofaschistischen Grabert-Verlages betrachtet.*

Nach dem Zweiten Weltkrieg veröffentlichte Grabert hauptsächlich Bücher gegen die »Kriegsschuldlüge« im Sinne von A. Moeller van den Brucks »Recht der jungen Völker«, also Rechtfertigung des Krieges aus der besonderen Lage Deutschlands. Mit der Notwendigkeit der Auseinandersetzung mit antifaschistischer Geschichtswissenschaft

---

* Der Gründer des Verlags, Herbert Grabert, ehemaliger Mitarbeiter im Reichspropagandaministerium, mit dem Spezialgebiet »Wehrgeschichte«, und spätere Vorsitzende der niedersächsischen DRP, schrieb 1960 unter dem Pseudonym Hugo C. Backhaus das Buch »Volk ohne Führung«, das als eine der wenigen neofaschistischen Publikationen indiziert wurde und ihm eine Gefängnisstrafe auf Bewährung einbrachte.

ging man in den sechziger Jahren zum Geschichtsrevisionismus mit Hilfe ausländischer Autoren und durch Lancieren von Gegenquellen über. In den siebziger Jahren lag der Schwerpunkt der Verlagsarbeit auf dem »Kampf gegen die Auschwitz-Lüge« (Das gleichnamige Buch von Richard Stäglich wurde indiziert, ist aber inzwischen wieder in das Verlagsprogramm aufgenommen), bis Ende der siebziger Jahre Kollaborationsliteratur hinzukam und danach der Verlag die Publikation der Werke des »Thule-Seminars«, der Theorie-Schule der »Neuen Rechten«, übernahm.[232] Diese Entwicklung ist ein deutliches Anzeichen dafür, daß den »alten Kämpfern« die »Neue Rechte« als Fortsetzung ihrer eigenen Traditionslinie nahegebracht werden soll.

Daneben haben sich einige Zeitschriften als kontinuierliche Diskussionsforen zwischen »alter« und »Neuer Rechter« herausgebildet, so zum Beispiel die konservative Zeitschrift »criticón«, herausgegeben von Caspar von Schrenck-Notzing, die sich unter der Federführung von Armin Mohler[233] zu einem Instrument der »Umorientierung« des Konservatismus in Richtung auf die neurechte Ideologie entwickelt hat. Wichtigstes »Zentralorgan« der Diskussion zwischen der NS-treuen »alten« und der »Neuen Rechten« ist seit Anfang der sechziger Jahre die Coburger Monatsschrift »Nation Europa«, aus deren Autorenkreis die »Wortführer« der »Neuen Rechten« stammen. Auch nach Bartschs Aussagen dient »Nation Europa« als Bindeglied zwischen »alten Kämpfern«, NPD, JN und »Nationalrevolutionären«.[234] »Nation Europa« kann bis heute als Spiegelbild der sich entwickelnden Diskussion und Annäherung im gesamten rechten Lager betrachtet werden.[235]

Auch in den Kreisen des militanten jugendlichen Neonazismus, der ANS, den »NS-Kampfgruppen« usw., zeichnet sich eine zunehmende Nähe zu »nationalrevolutionärem Gedankengut« ab, auch wenn deren Mobilisierungsformen sich nach wie vor auf direkte Bezüge zum »Dritten Reich« stützen (z. B. Kühnens »europäische SA«). Allerdings würde eine ideologische Festlegung dieser militanten Schlägertruppe ihre Möglichkeiten einschränken, das gesamte irgendwie rechtsgerichtete »Protestpotential« zusammenzufassen.

War von Anfang an eine eigentümliche ideologische Nähe zwischen dem »Schläger« Kühnen und den »Denkern« der »Nationalrevolutionäre« zu verzeichnen – Kühnen gehörte Anfang der siebziger Jahre zu den »Kampfkadern« der »Aktion Neue Rechte«[236] –, so häufen sich in letzter Zeit die Anzeichen für eine Übernahme »nationalrevolutionärer« Parolen und Argumentationsmuster. Zum Beispiel taucht im Impressum der Zeitschrift »Sieg«, die seit 1983 von NS-Rehabilitierung zu einem »nationalrevolutionärem« Habitus übergegangen ist, der Kühnen-Stellvertreter Thomas Brehl auf.

Insgesamt sind die Aktivitäten dieser Gruppen jedoch nach taktischen Gesichtspunkten einzuschätzen, was durchaus zu ideologisch widersprüchlichen Erscheinungen führen kann. So reagierte Kühnen auf den wachsenden Widerstand, der seine nationalsozialistischen Agitation entgegengesetzt wurde, mit der Übernahme »nationalrevolutionärer« Ideologieversatzstücke. Andererseits benutzt die Kühnen-Truppe seit dem Verbot der ANS die »Freiheitliche Deutsche Arbeiterpartei« (FAP) des ehemaligen Jungvolkführers Martin Pape als legale Organisationsbasis, in deren Programm nach Kühnens eigenen Aussagen »für Nationalsozialisten so unverdauliche Dinge wie Bekenntnis zur Demokratie, Treue zur NATO, Ablehnung jeglichen Antisemitismus«[237] stehen. Diese Programmpunkte dürften auch kaum im Sinne der »Schwarzen Internationale« sein, jenes weltweiten Netzes ehemaliger NSDAP- und SS-Größen, die Kühnen offensichtlich als Verbündete im Hinblick auf ihr Ziel der »faschistischen Weltrevolution« betrachten, da er bei einem ihrer Führer, Léon Degrelle, Aufnahme fand, nachdem er aus der Bundesrepublik »geflohen« war.[238]

So ist die teilweise Hinwendung der ANS zu den »Nationalrevolutionären« wohl weniger als ideologischer Sinneswandel zu bewerten, als vielmehr als Anzeichen dafür, daß auch die »Neue Rechte« im Rahmen des Hinarbeitens auf die »faschistische Weltrevolution« akzeptiert wird.

VI. Ausbreitung des neurechten Modells

Die Ideologie der »Neuen Rechten« ist mehr als nur eine Integrationsideologie innerhalb des Rechtsextremismus, so bedeutungsvoll diese Funktion alleine schon sein mag. Sie stellt die konsequenteste und offensivste Variante einer Krisenlösungsstrategie dar, die darauf beruht, die Widersprüche und Krisenprozesse der gegenwärtigen Entwicklungsstufe des Kapitalismus nicht aufzuheben, sondern umzuinterpretieren und damit für diejenigen akzeptabel zu machen, die auch in Zukunft die Lasten der Krise tragen sollen. Die »Neue Rechte« ist sich durchaus der Tatsache bewußt, daß die entscheidende Auseinandersetzung sowohl im Weltmaßstab als auch innenpolitisch gegenwärtig und perspektivisch die Auseinandersetzung zwischen Kapitalismus und Sozialismus ist:

»Die Kriege von heute stellen nicht mehr die Nationen einander gegenüber (oder genauer: sie stellen sie nur sekundär einander gegenüber), sondern unterschiedliche Weltansichten, Ideologien, entgegengesetzte Seinsweisen.«[239]

In dieser Situation sieht sich die »Neue Rechte« dazu berufen, die kapitalistischen Staaten innenpolitisch zu einem »organischen Ganzen« zusammenzuschließen und »die gegenwärtigen Demarkationslinien« zwischen rechts und links zu überwinden, um die von ihnen außenpolitisch prognostizierte »Auseinandersetzung am Ende des Jahrhunderts« gewinnen zu können. »Was das Ende dieses Jahrhunderts braucht ist eine Synthese . . .«, denn: »Wahr ist das, was sich in die Lage versetzt, zu existieren und fortzudauern. (. . .) Der Marxismus kann die ›Wahrheit‹ von morgen sein. Aber es handelt sich um eine ›Wahrheit‹, die abzulehnen man berechtigt ist, um ihr eine stärkere entgegenzustellen.«[240]

In der Analyse des gegenwärtigen politischen Klimas in Frankreich und der Bundesrepunblik kommen die neurechten Theoretiker zu der Erkenntnis, daß sich die politische Rechte seit der Abdankung des staatstragenden Wirtschaftswunders legitimatorisch in der Defensive befindet, während es der Linken überlassen bleibt, die Krise anzuprangern und Lösungen anzubieten. Genau an diesem Punkt will die »Neue Rechte« eine Wende in Gang setzen, denn: »Die (etablierte – MK) Rechte hat ihre Rolle, Erklärungen anzubieten, aufgegeben.«[241]

Ihre Erklärungen (»Der Mensch ist eine Krise. Er ist die Tragödie selbst.«[242]) und Lösungen anzubieten und zur Mehrheitsmeinung zu machen, ist der Inhalt der »Kulturrevolution von rechts«, der Erlangung der »kulturellen Hegemonie« als Durchdringung aller Lebensbereiche und Bevölkerungsschichten mit dem neurechten Welterklärungsmodell. Dabei geht es der »Neuen Rechten« nicht darum, selbst an der unmittelbaren Herrschaftsausübung beteiligt zu werden, die seit dem Ende der wirtschaftlichen Prosperität immer brüchiger zu werden droht (wie sich z. B. am Aufkommen der nationalen und internationalen Bewegungen für Frieden, Umweltschutz usw. zeigt), sondern um die Schaffung ideologischer Grundlagen zur Veränderung des politischen Kräfteverhältnisses.

In diesem Bestreben treffen sich die Absichten der »Neuen Rechten« mit den Interessen der Herrschenden in der BRD, deren »geistig-moralische Wende« kaum zufällig auf dieselben Argumentationsmuster und Schlagworte zurückgreift, die auch die neurechte Ideologie kennzeichnen. Vielmehr kann man davon ausgehen, daß, wenn nach der eingangs aufgestellten These der Nationalismus in der Krise die reale »Alternative« zum Sozialismus darstellt, all jene Kräfte, Organisationen und Institutionen zunehmend Affinitäten zur neurechten Ideologie aufweisen müssen, die verhindern wollen, daß der Marxismus »die Wahrheit von morgen« sein könnte. Im folgenden wird zu zeigen sein, daß sich der »neue Zeitgeist« nicht nur aufgrund spontaner und zufälliger Prozesse in Universitäten, Regierungskreisen, Teilen der Kirchen usw. gleichlautend äußert, sondern durchaus auch personelle und organisatorische Verflechtungen dazu beitragen, die »Tendenzwende« als durchgängiges Phänomen erscheinen zu lassen.

»Vorerst ist die Neue Rechte . . . ein Kern von Ideenstreuern, die Erfolg zunächst bei Akademikern und anderen ›Multiplikatoren‹ haben.«[243], umreißt Armin Mohler die Strategie der »Neuen Rechten« zur Erlangung der »kulturellen Hegemonie»«. Tatsächlich bezeichnet der Ausdruck ›Multiplikatoren‹ der neurechten Ideologie treffend die Tätigkeit zahlreicher Professoren an bundesdeutschen Hochschulen, die ihre Lehrtätigkeit und ihren Status dazu benutzen, die Wahrung der »nationalen Identität« und der »inneren Geschlossenheit der europäischen Völker« zu fordern und zu propagieren. Tatkräftig unterstützt von Studentenorganisationen wie dem »Nationaldemokratischen Hochschulbund« (NHB) und den »Deutschen Burschenschaften« sorgen diese »Multiplikatoren« dafür, daß der »Neue Zeitgeist« Einzug in die Universitäten halten kann. Ihr Wirkungskreis reicht weit über die Universitäten hinaus und zeigt deutlich, daß die Grenzen zwischen Rechtsextremismus und Konservatismus fließend sind.

Der Bochumer Politik-Professor Bernard Willms, der in seinem 1982 erschienen Buch »Die Deutsche Nation« keinen Zweifel an seiner unmittelbaren ideologischen Nähe zur »Neuen Rechten« läßt, ist zu einer Integrationsfigur für ein Spektrum geworden, das von neofaschistischen über neokonservative Kräft, den NHB und die »Deutschen Burschenschaften« bis in die Vertriebenenverbände und die regierende CDU hineinreicht. Die neofaschistische Zeitschrift »Mut« druckt Willms' Ausführungen über die »deutsche Identität« ebenso wie »criticón« oder »Nation Europa«, er wird von dem CDU-nahen »Studienzentrum Weikersheim« unter der Leitung von Hans Filbinger ebenso zu Kongressen eingeladen wie von den Schlesiern zu ihrem Treffen 1985, wo er das unter dem Durck der Öffentlichkeit veränderte urspüngliche Motto »Schlesien bleibt unser« verteidigte.[244]

Zwar distanziert sich das »Nationalrevolutionäre Koordinierungsbüro« von »Reaktionären« wie Willms, die »den ehrlichen Patriotismus der Volksmassen als Vehikel für die Eroberungsgelüste des Kapitals« mißbrauchen und »der Linken das Thema der Nation entwinden« wollen[245], aber das dürfte wohl eher als taktisches Manöver mit Blick auf die Linke zu werten sein. In ihrem Organ »Aufbruch« haben die »Nationalrevolutionäre« jedenfalls keinerlei Schwierigkeiten, den Geschichtsprofessor Hellmut Diwald zu verteidigen[246], dessen Auffassungen kaum von denen Willms' abweichen, mit dem er auch im 1983 gegründeten »Deutschlandrat«[247] zusammenarbeitet (dem auch Armin Mohler angehört). Dort trifft man auch auf Professor Dr. Wolfgang Seiffert, der sich u. a. in der Publikation »Deutsche Identität heute« des Studienzentrums Weikersheim ein Stelldichein gibt mit Bernard Willms oder auch dem Kanzlerberater Michael Stürmer. Sollte man nach den Ausführungen zur Bedeutung des neurechten Geschichtsbildes (Kap. IV, 3.) noch annehmen, es sei Zufall, daß ausgerechnet der neurechte Historiker Stürmer zum Kanzler-Berater avancierte, so wird man dieses Zweifels enthoben durch den Bundesminister für innerdeutsche Beziehungen, Heinrich Windelen, der im Vorwort zu »Deutsche Identität heute« die Neuinterpretation der deutschen Geschichte als unersetzbar für eine »nationale Selbsterfahrung« und »Identität« bezeichnet.*

Nach all dem kann es kaum noch verwundern, wenn Kanzler Kohl neben Bernard Willms auf dem Schlesier-Treffen 1985 auftritt und »die unnatürliche Teilung Europas überwinden möchte«[248] oder der Staatssekretär im Bundesinnenministerium, K.-D. Spranger, auf eine Kleine

---

* S. Berglar, Filbinger u. a., Deutsche Identität heute, Stuttgart 1983.

Anfrage eines SPD-Abgeordneten antwortet, der Bundesregierung lägen keine Erkenntnisse vor, die eine Bewertung des »Thule-Seminars« als »Stützpunkt für die Europäisierung einer faschistischen Theoriebildung« zuließen.[249] Es ist wohl kaum zu erwarten, daß eine Theoriebildung als »faschistisch« bezeichnet wird, bei der auch der Bundeskanzler in seinem »Bericht zur Lage der Nation« Anleihen gemacht hat: »Weil aber Deutschland das geographische und geopolitische Mittelstück Europas ist, ist diese Frage mit den europäischen Interessen stets auf das engste verknüpft« und »Nicht souveräne Staaten, sondern souveräne Völker werden den Bau Europas dereinst vollenden«[251], waren die »ethnopluralistischen« Worte des Kanzlers »für eine spätere Aufhebung der Teilung unseres Kontinents«. Er scheute sich dann auch nicht mehr, gegen Ende seines Berichts den Schlüsselbegriff der innenpolitischen Konzeption der »Neuen Rechten« zur Zusammenfassung seiner deutschlandpolitischen Zielsetzungen zu benutzen: » . . . denn hier geht es im Kern um unsere nationale Identität und um unsere nationale wie europäische Bestimmung.«[252]

Vor diesem Hintergrund will es kaum noch wie eine »Panne« aussehen, daß der Kanzler mit US-Präsident Reagan neben den jüdischen Opfern des »Dritten Reichs« auf dem Soldatenfriedhof Bitburg auch die Gefallenen der »europäisch-antibolschewistischen Verbände« ehrte, wie die »Neue Rechte« die Waffen-SS bezeichnet. Die »europäisch-antibolschewistische« Orientierung, die der »Neuen Rechten« als eines der erhaltenswerten und vorwärtsweisenden Elemente aus der »Spätzeit« des NS-Regimes gilt, mag Michael Stürmer meinen, wenn er sagt, »daß die Geschichte, die zu Hitler führte, auch über ihn hinaus geführt hat und weiterführen wird«.[253]

Aber auch die Anwesenheit des US-Präsidenten war keine »Panne«, denn der Zweck, die Sowjetunion zurückzudrängen, mag für die USA durchaus das Mittel eines »nationalistischen Großeuropas« heiligen. Wie sonst ließe es sich erklären, daß beim US-Propaganda-Institut »Western Goals Europe« einige der akademischen »Mulitplikatoren« ihre Schriften publizieren, so z. B. Günther Rohrmoser, Mitglied des Präsidiums beim »Studienzentrum Weikersheim«. Dieser berichtet, daß sich auch in den USA die Vermutung durchsetze, die Amerikaner hätten durch ihre »reeducation«-Politik nach 1945 einen nicht geringen Anteil an der »so augenfälligen Schizophrenie« des deutschen Volkes, denn: »Jedes Volk, jede Nation muß eine Idee von seiner historischen Rolle und Bestimmung haben, nicht nur eine Art Vision von seiner Bestimmung in der Geschichte überhaupt, sondern es muß ein gemeinsames Bewußtsein von der geschichtlichen epochalen Lage haben . . .« Der Aufsatz, aus dem diese Ausführungen zur »Sendung« eines Volkes stammen, mit dem Titel »Identität der Deutschen – heute«, wurde neben »Western Goals Europe« auch vom Studienzentrum Weikersheim und der »Staats- und Wirtschaftspolitischen Gesellschaft« des ehemaligen Referenten im Reichspropagandaministerium und späteren US-Geheimdienstlers Hugo Wellems publiziert.

Bei »Western Goals Europe« schreibt auch Andreas Mölzer, Redaktionsbeirat der »Deutschen Monatshefte« (Organ des »Deutschen Kulturwerkes Europäischen Geistes«) und »Schriftleiter« der österreichischen Monatsschrift »Die Aula«, einem der publizistischen Foren neurechter und neokonservativer Kooperation. Er plädiert für einen Wiederanschluß Österreichs an ein Großdeutschland und zieht den Bogen von den »Verfassern der Hauptwerke der Wende« H. Diwald, B. Willms u. ä. bis zu den »Nationalrevolutionären« Wolfgang Venohr und Wolfgang Strauß.

Sollte man vermuten, daß »Western Goals Europe« als amerikanische Organisation sich möglicherweise der Tragweite der von ihnen gestützten »Tendenzwende« nicht bewußt ist, so wird man eines besseren belehrt, wenn man den Präsidenten von »Western Goals Europe Deutschland«, Professor Hans-Werner Bracht, bei einer Veranstaltung der »Konservativen Aktion« zum 8. Mai 1985 auf dem Podium findet, zusammen mit Hugo Wellems und Gerhard Löwenthal. »Western Goals Europe« tritt als Mitveranstalter einer Aktion gegen die Feierlichkeiten anläßlich des 40. Jahrestages der Befreiung vom Faschismus als »größte antideutsche Kampagne der Nachkriegszeit« auf, zusammen mit eben jener »Konservativen Aktion«, die die »Frankfurter Allgemeine Zeitung« in ihrem Bericht über das Schlesiertreffen als »Störtrupp aus der rechten Ecke . . . denen von der ›Konservativen Aktion‹, der ›Freiheitlichen Arbeiterpartei‹ und den Rechtsradikalen« bezeichnet.[254]

Verwundert es nicht allzusehr, die »Konservative Aktion« in schlechter Gesellschaft, bzw. in den Integrationsprozeß auf der Basis der neurechten Ideologie miteinbezogen, zu sehen, so muß es alarmieren, daß dieser Prozeß bis in Instutitionen hineinreicht, von denen man ein distanzierteres Verhältnis zum Faschismus und Rechtsextremismus erwarten sollte: die christlichen Kirchen.

Die Evangelikalen, Christen aus der Evangelischen Kirche Deutschlands, aus Pfingstgemeinden und Freikirchen, lassen sich weder vom anti-christlichen Standpunkt der »Neuen Rechten« noch vom Stuttgarter Schuldbekenntnis der Evangelischen Kirche, am Aufstieg des Faschismus mitschuldig zu sein, abhalten, in dasselbe Horn der

»nationalen Identität« und »natürlichen Ungleichheit« zu blasen. Die Zeitschrift »Mut«, ebenfalls zu neurechter und neokonservativer Kooperation herangereift, veröffentlicht eine Schrift des evangelikalen Theologen Alexander Evertz, Gründungsmitglied und langjähriger Vorsitzender der »Evangelischen Notgemeinschaft in Deutschland«, der in schöner Übereinstimmung mit dem »Mut«-eigenen »Nationaleuropäischen Manifest« verkündet: »Die Gleichmacherei kann nicht unser Leitbild sein«, denn »wer das Besondere verachtet verwirft die Planung der Schöpfung. Wer das Volk gering schätzt, erdreistet sich, den Schöpfer zu korrigieren.«[255]

Eine solche Dreistigkeit zu verhindert, erscheint auch dem etablierten Informationsdienst der »Evangelischen Allianz«, »idea« (22/85), lobenswert. Dort wird Evertz' Schrift als »klar und gut deutsch« gepriesen. Auch Professor Peter Beyerhaus vom »Theologischen Konvent Bekennender Gemeinschaften« bezeichnet die »innere Geschlossenheit unserer Völker« als oberstes Gebot.[256]

Der Kreis von »Neuer Rechter«, Konservativen und Evangelikalen schließt sich bei dem Berliner Politologen Klaus Motschmann, Redaktionsmitglied der neurechten »criticón«, Kuratoriumsmitglied der »Konservativen Aktion«, Leitungsmitglied der »Evangelischen Sammlung« und stellvertretender Vorsitzender der »Evangelischen Notgemeinschaft«, der in der Februar-Ausgabe der Zeitschrift des »Theologischen Konvents Bekennender Gemeinschaften«, »DIAKRISIS«, schreibt: »Unser Herr hat bekanntlich ein klares ›Ja‹ zum imperialistischen Staat (Mark. 1,13 ff.) . . . gesagt.«[257]

Kann man die Evangelikalen als Gegenströmung innerhalb der Evangelischen Kirche betrachten, die gegen Kirchentag und Kirchenleitung streiten, so sind die Töne vom »Großeuropa der freien Völker« in der katholischen Kirche bis in die höchsten Instanzen zu vernehmen. Publiziert der katholische Herder-Verlag die Selbstdarstellungen der »Neuen Rechten«, schreiben in »Mut« Mitglieder der eng mit »Studienzentrum Weikerheim« verbundenen katholischen Organisation »Opus dei«, kann wohl auch der Papst selbst nicht abseits stehen. Papst Johannes Paul II, seit der Polen-Krise besser bekannt unter seinem bürgerlichen Namen Wojtyla, widmet eine ganze Enzyklika »Apostoli slaworum« den »Völkern Osteuropas«, in der er die »Spaltung Europas in Ost und West« beklagt. Es gebe doch neben dem Europa der EG-Staaten »eine große Zahl von Völkern, die gemeinsam mit uns dieselben Traditionen und dieselben Hoffnungen haben.«[258] Es klingt beinahe wie eine direkte Erwiderung auf die Gleichsetzung von Christentum und »Universalismus« durch die »Neue Rechte«, wenn man in der Enzyklika liest: »Das Evangelium führt nicht zur Verarmung oder zur Auslöschung dessen, was jeder Mensch, jedes Volk und jede Nation, was jede Kultur während ihrer Geschichte als Wert, Wahrheit und Schönheit anerkennen und leben.« Vielmehr hätten die Heiligen Cyrill und Methodius, denen diese Enzyklika gilt, sich die Schwierigkeiten und Probleme der »Völker, die ihre eigene Identität unter dem militärischen und kulturellen Druck des neuen römisch-germanischen Reiches verteidigten ...«[259], zu eigen gemacht. Dies erscheint dem Papst heute aktueller denn je, weshalb er diese Heiligen zu Vorbildern für die Kirche in Osteuropa erhebt.

Der Papst als wohl denkbar größter »Multiplikator« wurde wohl richtig verstanden, wenn Robert Schwemer in dem vom »Thule-Seminar«-Verlag herausgegebenen Magazin »Deutschland in Geschichte und Gegenwart« triumphierend feststellt, daß »nun auch der Papst die Aufhebung von Jalta fordert«. Und er wurde auch verstanden vom französischen Faschistenführer Le Pen, jener »Pflugschar, die neue Schichten für die Ideen einer Neuen Rechten empfänglich macht«, der um eine Audienz beim Papst nachsuchte und sie erhielt.

Aber auch von anderer Seite, von der man es genausowenig erwarten möchte wie von den Kirchen, tönt es neuerdings national, wenn auch nicht in dem Ausmaß, das von geneigter Seite aus Legitimationsgründen gerne beschworen wird: nämlich von Teilen der bundesdeutschen Linken. Nahezu jedes Aufwerfen der nationalen Frage seitens der Rechten wird mit Hinweisen auf die Linke bzw. Versuchen zu deren Vereinnahmung begleitet, um damit von vorneherein jedem Faschismus-Vorwurf den Boden zu entziehen. So behauptet Rohrmoser, »daß die Frage nach der deutschen Identität zunächst nicht von den Konservativen ..., sondern ... vor Jahren schon von der undogmatischen Linken aus der Enttäuschung über den Verfall ihrer internationalistischen revolutionären Hoffnungen und aus der Enttäuschung über die unbefriedigenden Resultate der liberal-sozialen Reformpolitik heraus gestellt wurde«.[261]

Ohne sich auf solche Vereinnahmungsversuche seitens der Rechten einzulassen, läßt sich doch ein Körnchen Wahrheit in solchen Behauptungen finden, nämlich das, daß eine Linke, die aus dem einen oder anderen Grund Abstand vom Ansatz der Klasseninteressen nimmt, zur Lösung der auftretenden Widersprüche und Krisenprozesse Zuflucht zu »ganzheitlichen« Harmoniemodellen nehmen muß, von denen aus es nur ein kleiner Schritt zur »harmonischen Volkseinheit« ist. Das soll nicht heißen, daß dieser Schritt zwangsläufig erfolgen muß oder tatsächlich massenhaft erfolgt. So gerne die Vertreter des »Neuen Nationalismus« diesen Eindruck erwecken möchten, sowenig ist die Friedensbewegung dabei, zu einer »deutschen Erneuerungsbewegung« zu werden, auch wenn von einigen Vorrednern nationale Töne angeschlagen werden. Und auch romantisierende Zivilisationskritik bei Teilen des grün-alternativen Spektrums führt nicht zu einem Umschlag in rechte Alternativen, auch wenn Einzelfälle eine gefährliche Nähe zu rechtem »Gedankengut« zeigen.

Auf jeden Fall liegt hier aber eine Gefahr, die sich nicht nur in der Vereinnahmung der ML-Bewegung durch die »Neue Rechte« und den in diesem Zusammenhang aufgezeigten Berührungspunkten äußert. Angesichts der Diskussion über einen »sozialistischen Populismus« in Teilen des linken Spektrums muß man sich fragen, ob hier nicht dem Druck des »neuen Zeitgeistes« nachgegeben wird, wenn gefordert wird, daß die »Revolution hier nicht bloß, mit Recht, entlarven, sondern, mit ebensoviel Recht, konkret überbieten und sich des alten Besitzes gerade dieser Kategorien erinnern« sollte.[262]

Man muß sich darüber im klaren sein, daß man sich mit einer solchen Forderung auf eine gefährliche Gratwanderung begibt. In dem Bestreben, die nationale Frage nicht den Rechten zu überlassen, läßt man sich auf die besondere Bedeutung der Nation für die Lösung der anstehenden Probleme ein und fällt damit allzuleicht den Denkmustern des Nationalismus anheim. Solches unterlief zum Beispiel dem Historiker Peter Brandt und dem Studienrat Herbert Ammon, deren Dokumentenband »Die Linken und die nationale Frage« einen »Nationalismus von links« beschwört. Sie sind die Vordenker »linker Patrioten« innerhalb und außerhalb der SPD, die die »Befreiung von der Fremdbestimmung durch den westdeutschen Kapitalismus und die ostdeutsche Bürokratie« fordern und durch einen linken Nationalismus die Gesellschaft revolutionieren, die Blöcke sprengen, eine »gesamtdeutsche national-demokratische Identität« erzeugen und die deutsche Einheit schaffen wollen.[263]

Offensichtlich findet der »neue Zeitgeist« samt der seit Bitburg öffentlich vollzogenen Aussöhnung von Opfern und Tätern des NS-Regimes auch in anderen Bereichen der linken Szene Widerhall. Wie sonst ließe sich erklären, daß der als links geltende »März-Verlag« eine Rehabilitationsschrift für den SS-Offizier Kurt A. Becher neu auflegt, dessen Verdienste laut »tageszeitung« vom 3. 5. 1985 bisher von einer linken Öffentlichkeit gezielt totgeschwiegen wurden, dank der »Denunziation« seitens »linker Antifaschisten«. In einer längeren Rezension des Buches[264] in der »tageszeitung« vom 17. 5. 1985 heißt es dann bereits, daß »alle Opfer waren«. Daraus ergibt sich logisch, daß Gerd Bergfleth vom Tübinger »Konkursbuch« der Belobigung der Täter auch die Kritik an den Opfern folgen läßt:

»Es ist augenfällig, daß das aufklärerische (! –MK) Judentum in der Regel keinen besonderen Sinn für das besitzt, was deutsche Eigenart ist, etwa die romantische Sehnsucht, die Verbundenheit mit der Natur oder die nicht auszurottende Erinnerung an eine heidnisch-germanische Vergangenheit.«[265]

Es kann nicht darum gehen, den »Linksnationalen« bewußte Demagogie und Zuarbeit für den Rechtsextremismus vorzuwerfen. Eine solche Einschätzung ist auch gegenüber Teilen der »Nationalrevolutionäre« nicht unproblematisch. Allerdings kann man ihnen vorwerfen, dem Druck der »Tendenzwende« nachzugeben und sich Erklärungs- und Ideologiemustern anzuschließen, die durch die Propagierung der nationalen Einheit und Volksgemeinschaft notwendig nach rechts führen müssen. Sie übernehmen auch unabhängig von ihrem Wissen und Wollen eine Funktion, die für die Ausbreitung der neuen rechten Ideologiemuster außerordentlich dienlich, ja geradezu unerläßlich ist:

»Die nationalen Tendenzen innerhalb der Linken erfüllen dabei – ohne es zu wollen – lediglich die Aufgabe des Flankenschutzes. Allein die Tatsache ihrer Existenz verhinderte nämlich, daß man die grundlegenden Werke der neuen nationalen Diskussion seitens des linksliberalen Meinungsmonopols von vorneherein mit dem Stigma des ›Neonazismus‹ belegen konnte.«[266]

Auch wenn dieses neurechte Eingeständnis eines rein taktischen Verhältnisses zur »nationalen Linken« eher als Beruhigung an die Adresse der Geldgeber gerichtet ist, sollte es doch all denen zu denken geben, die glauben, die gegenwärtigen Krisenprozesse durch einen »sozialistischen Populismus« bis »revolutionären Nationalismus« überwinden zu können.

VII. Schlußbemerkung

Die Ideologie der »Neuen Rechten« bildet die Brücke zwischen Rechtsextremismus und Konservatismus bis in die etablierten bürgerlichen Parteien hinein, getragen von dem gemeinsamen Bestreben, unter allen Umständen das uneingeschränkte Privateigentum an den Produktionsmitteln zu erhalten und eine innenpolitische Formierung herbeizuführen, die es ermöglicht, den Kampf um die Neuaufteilung der Welt wiederaufzunehmen.

Ein solches Bündnis zwischen Faschisten, Konservativen und anderen bürgerlichen Kräften kennt man aus der jüngsten deutschen Geschichte, aber es scheint gerade das Ergebnis dieses Bündnisses zu sein, das den Blick verstellt für den Inhalt und die Richtung der gegenwärtigen »Tendenzwende« in der Bundesrepublik. Diese ist natürlich nicht mit der Qualität des NS-Regimes zu vergleichen, aber durch die einseitige Fixierung auf die Erscheinungsformen der Naziherrschaft ist nahezu in Vergessenheit geraten, daß die NSDAP nur einer der möglichen Träger der »Revolution von rechts« war und letztendlich nur ausführte, was von konservativen Eliten entwickelt worden war. Gerade der primitive Propaganda- und Agitationsstil der NS-Größen, der bis in die Gegenwart als Erkennungszeichen neofaschistischer Gruppen betrachtet wird, hätte schwerlich solche Massenwirksamkeit erreichen können, wenn nicht der Boden bereitet gewesen wäre durch die »feinen Konservativen«.

Ebenso wie die »jungkonservativen« Wegbereiter des Faschismus gelten heute die »Neokonservativen« und »Neuen Rechten« bei der bürgerlichen Intelligenz als seriös, ihre akademische Bildung macht sie vertrauenswürdig, ihre Intelligenz ermöglicht es ihnen, den reaktionären Inhalt ihrer Theorien in eine für viele akzeptable Form zu bringen. Da sie an offenkundigen Mißständen anknüpfen, erscheint ihre Kritik berechtigt, ihre Lösungsvorschläge einleuchtend. Wer sich jedoch erst einmal auf ihre Denkmuster eingelassen hat, dem wird der offene Terror verwandter Kräfte nur noch aus Gründen der Form als nicht akzeptabel erscheinen. Hier soll nicht das Gespenst einer nahenden faschistischen Diktatur in der Bundesrepublik beschworen, sondern nur daran erinnert werden, daß es auch die Weimarer »Jungkonservativen« vorgezogen hätten, ihre Ziele mit der Brüning-Regierung oder dem Papenschen »Kabinett der Barone« zu verwirklichen.

Die besondere Qualität der »Neuen Rechten« liegt gerade darin, daß sie Denkmuster propagiert und im Bewußtsein der Bevölkerung verankert, die in Form von Schlagworten für alle reaktionären Bestrebungen abrufbar sind, seien sie nun von ihrer Herkunft christlich-konservativer, bürgerlicher oder offen faschistischer Prägung. Hier setzt auch die Kritik an den Vertretern eines »linken Nationalismus« oder auch »sozialistischen Populismus« an. Unabhängig von einem eventuellen linken Anspruch tragen die Linksnationalen dazu bei, allgemein auf Krisenlösungsstrategien zu orientieren, in denen die »Nation« und das »Volk« eine zentrale Rolle spielen. Die kompliziert konstruierten Verknüpfungen mit sozialistischen Theorieansätzen dürften jedoch für die Mehrheit der Bevölkerung kaum nachvollziehbar und mangels Massenbasis auch nicht durchsetzbar sein. Übrig bleibt dann, weitere Bevölkerungsteile »für die neuen Ideen einer Neuen Rechten« empfänglich gemacht zu haben.

Auch die neurechte Ideologie selbst enthält durchaus Ansätze von Protest gegen aktuelle Mißstände. Unter der Voraussetzung jedoch, daß die »Neue Rechte« die Herrschaftsverhältnisse in den kapitalistischen Ländern nicht antasten, sondern vielmehr auf die ganze Welt ausdehnen will, kann eine solche Kritik an den kapitalistischen Herrschaftsverhältnissen geschuldeten Problemen höchstens der Integration fortschrittlicher Protestpotentiale dienen. Gerade nach den Erfahrungen der jüngeren deutschen Geschichte weiß man, daß das Kapital nur solche Repräsentanten der Macht zuläßt, die eine uneingeschränkt kapitalorientierte Politik garantieren. Im Rahmen der Neuordnung auf der Basis der »nationalen Identität« müssen solche Garanten keineswegs neonazistischen oder terroristischen Charakter haben. Die Variante einer neonationalistisch »gewendeten« CDU könnte diese Funktion zumindest über eine längere Zeitspanne durchaus ausreichend erfüllen.

Von daher darf sich demokratischer Widerstand nicht auf die offen rechtsextremistischen Bestrebungen und Organisationen beschränken, sondern muß sich gegen jeden Versuch richten, die gegenwärtige Krise als eine »nationale Identitätskrise« zu interpretieren und Krisenlösungsstrategien auf der Basis der »Volksgemeinschaft« anzubieten.

Anmerkungen

1 Vgl. Richard Stöss, Vom Nationalismus zum Umweltschutz, Opladen 1979, oder Günther Judik, Zur Entwicklung und Funktion des Parteiensystems in der Bundesrepublik, in: U. Albrecht, u. a., Beiträge zu einer Geschichte der Bundesrepublik Deutschland, Köln 1979.

2 S. Richard Stöss, a. a. O., z. B. zum Niedergang des »Bundes der Heimatvertriebenen und Entrechteten« (BHE), der in den fünfziger Jahren noch starke parlamentarische Positionen hatte.

3 Vgl. G. Judik, a. a. O., S. 419 ff.

4 S. Richard Stöss, a. a. O., oder G. Judik, a .a. O., S. 422.

5 Vgl. F. Deppe/H. Jung, Entwicklung und Politik der herrschenden Klasse in der Bundesrepublik, in: U. Albrecht u. a., a. a. O., S. 473.

6 Zur Begriffsklärung des »Modell Deutschland« vgl. Sozialistische Studiengruppen, Beiträge zum wissenschaftlichen Sozialismus 6/78, S. 49 ff.

7 Zur Ideologie der »Wende« vgl. den Artikel von Klaus Naumann, Vom Lohnverzicht bis zum Verzicht auf Überleben?, in: Blätter für deutsche und internationale Politik 6/83, Köln, S. 854–868.

8 S. Reinhard Opitz, Faschismus und Neofaschismus, Frankfurt/Main 1984, S. 239/240.

9 Ebd., S. 243–282.

10 Vgl. auch Günther Bartsch, Revolution von rechts?, Freiburg 1975, S. 126/127. Bartsch gehört selbst der »Denkgemeinschaft« der »Neuen Rechten« an.

11 Zu diesen Gruppierungen im einzelnen: R. Opitz, a. a. O., Anm. 1082, zu ihren Aktivitäten u. a.: Der Bundesminister des Innern, betrifft: Verfassungsschutz 1978, Bonn 1979.

12 Der Verfassungsschutzbericht spricht für 1982 von 10 000 Mitgliedern der DVU gegenüber 6000 der NPD. S. Der Bundesminister des Innern, betrifft: Verfassungsschutz 1982, Bonn, S. 138 (NPD) und S. 141 (DVU).

13 Zu diesen Gruppierungen im einzelnen: G. Bartsch, a. a. O., S. 122 ff; oder R. Opitz, a. a. O., S. 292 ff.

14 Vgl. M. Sattler/H. W. Höffken, Rechtsextremismus in der Bundesrepublik, Opladen 1980, S. 43/44, oder R. Opitz, a. a. O., S. 304 ff.

15 Zu den innerfaschistischen Machtkämpfen vgl. Kurt Gossweiler, Die Röhm-Affäre, Köln 1983.

16 Vgl. die Verfügung des Reichsaußenministers v. Ribbentrop über die Bildung eines Europa-Ausschusses im Auswärtigen Amt vom 5. 4. 1943, Zentrales Staatsarchiv Potsdam, Film 5842; abgedruckt in: Hartmut Meyer, Die »Neue Rechte«, Broschüre des VVN-Landesverbandes Nordrhein-Westfalen, Düsseldorf 1984.

17 S. Pierre de Pringet, Die Kollaboration. Untersuchung eines Fehlschlages. Tübingen 1981 (Grabert-Verlag).

18 Zur französischen »Nouvelle droite« ausführlich: Marieluise Christadler, Die »Nouvelle Droite« in Frankreich, und Patrick Mouraux, Die neue Religion der Rasse, beide in: Iring Fetscher (Hrsg.), Neokonservative und »Neue Rechte«, München 1983, oder G. Bartsch, a. a. O., S. 74 ff, R. Opitz, a. a. O., S. 314 ff, Lothar Baier, Französische Zustände, Frankfurt/Main 1982, S. 63–88.

19 Z. B. die »Studiengesellschaft« der »Neuschwedischen Bewegung« oder das österreichische »Nationale Ideologie-Zentrum« (NIZ), vgl. R. Opitz, a. a. O., Anm. 1160.

20 Vgl. u. a.: Neue Erscheinungen im organisierten Neofaschismus in Westeuropa, in:

Institut für Internationale Politik und Wirtschaft der DDR, Berlin, Bericht 3/82, S. 18 ff (im folgenden als: IPW-Berichte).

21 G. Barsch, a. a. O., sowie zahlreiche Aufsätze in »criticón«, »Frankfurter Hefte«, u. a., seit etwa 1972.

22 u. a. R. Opitz, a. a. O., Sattler/Höffken, a. a. O.

23 Ebd., oder auch PDI-Berichte, R. Stöss, a. a. O., H. Herb, Neonazismus in der Bundesrepublik und staatliche Reaktionen, JW-Dienst Exklusivbericht Rechtsradikale Nr. 211 vom 10. 10. 1980 u. v. a.

24 Pierre Krebs, Das Thule-Seminar stellt sich vor, in: ders., Das unvergängliche Erbe. Alternativen zum Prinzip der Gleichheit. Tübingen 1982, S. 421 (Grabert-Verlag).

25 Ebd., S. 420.

26 Pierre Krebs, Die europäische Wiedergeburt, Tübingen 1982, S. 74, Reihe »Thule-forum«, Bd. 2.

27 G. Bartsch, a. a. O., S. 30–35.

28 Pierre Krebs, Das Thule-Seminar stellt sich vor, a. a. O., S. 413–421.

29 Jean Mabire (ehemaliger Mitarbeiter von »Europe Action«, Autor des Buches »Berlin im Todeskampf«, Preußisch-Oldendorf 1977, Gründungsmitglied der GRECE) in einem Interview, abgedruckt in: Nation Europa 1/76, S. 11.

30 G. Bartsch, a. a. O., S. 43.

31 Ebd., S. 45.

32 Peter Binding, Wiedergewinnung der Identität, in: Pierre Krebs (Hrsg.), Das unvergängliche Erbe, a. a. O., S. 44.

33 Pierre Krebs, Das Thule-Seminar stellt sich vor, a. a. O., S. 418.

34 Fritz Joß, Nation-Volk-Stamm, in: Nation Europa 4/71, S. 14.

35 Alain de Benoist, Die entscheidenden Jahre, Tübingen 1982, S. 21 (Grabert-Verlag, Reihe »Thule-forum« Bd. 1).

36 Vgl. die Auseinandersetzungen mit der biologistischen Gesellschaftstheorie von Konrad Lorenz in: Ute Holzkamp-Osterkamp, Grundlagen der psychologischen Motivationsforschung 1, Frankfurt/Main 1975, S. 337 ff.

37 Pierre Krebs, Gedanken zu einer kulturellen Wiedergeburt, in: ders., Das unvergängliche Erbe, a. a. O., S. 18.

38 Heinrich L. Sanden, Volksselbstmord?, in: Nation Europa 6/71, S. 63.

39 Ohne Autor, Moderne Rassentheorie stützt Südafrika, in: Nation Europa 10/71, S. 46.

40 G. Bartsch, a. a. O., S. 45.

41 S. Fritz Joß, a. a. O., S. 13.

42 Henning Eichberg, Nationalismus und Leistungsgesellschaft, in: criticón 6, Mai/Juni 1971, S. 131.

43 G. Bartsch, a. a. O., S. 47/48, vgl. auch den Beitrag von Jörg Rieck (Pseudonym, evtl. Jürgen Rieger), Zur Debatte der Vererblichkeit der Intelligenz, in: Pierre Krebs, Das unvergängliche Erbe, a. a. O., S. 315-372.

44 G. Bartsch, Das okzidentale Syndrom in der Konzeption Henning Eichbergs, in: criticón 25/1974, S. 216.

45 Henning Eichberg, Nationalismus und Leistungsgesellschaft, a. a. O., S. 31.

46 G. Bartsch, Das okzidentale Syndrom . . ., a. a. O., S. 215.

47 Pierre Krebs, Die europäische Wiedergeburt, a. a. O., S. 64.

48 Ebd., S. 66.

49 Armin Mohler, Deutsche Außenpolitik, in: criticón 68/1981, S. 303/304.

50 Pierre Krebs, Die europäische Wiedergeburt, a. a. O., S. 12.

51 Ebd.

52 G. Bartsch, Das okzidentale Syndrom . . ., a. a. O., S. 215 (Eichberg referierend).
53 Alain de Benoist, a. a. O., S. 70.
54 Ebd., S. 81.
55 Ebd., S. 70.
56 Ebd., S. 71.
57 Ebd., S. 42.
58 Ebd., S. 43.
59 Pierre Krebs, Die europäische Wiedergeburt, a. a. O., S. 20.
60 Peter Binding, a. a. O., S. 49.
61 Ohne Autor, Moderne Rassentheorie . . ., a. a. O., S. 46.
62 Sache des Volkes/Nationalrevolutionäre Aufbauorganisation (SdV/NRAO), Unser Programm für Deutschland, abgedruckt in: Jan Peters, Nationaler Sozialismus von rechts, Berlin 1980, S. 254.
63 Ohne Autor, Wachsende Kraft der ethnischen Gruppen, in: Nation Europa 1/76, S. 10, vgl. auch R. Opitz, a. a. O., S. 332, oder Fritz Joß, Regionalismus und Autonomismus in Frankreich, in: Nation Europa 4/72, S. 11 ff.
64 SdV/NRAO, Programm, a. a. O., S. 254 a.
65 Ebd.
66 G. Bartsch, Revolution von rechts?, a. a. O., S. 53.
67 Ebd.
68 Alain de Benoist, a. a. O., S. 14.
69 Pierre Krebs, Die europäische Wiedergeburt, a. a. O., S. 34.
70 Ebd., S. 39.
71 Ebd., S. 40.
72 Ebd., S. 41.
73 Armin Mohler, Deutsche Außenpolitik, a. a. O., S. 304.
74 Ebd.
75 Manfred Görtemaker, Bündnis mit Zukunft, in: Der Monat, Neue Folge 290, Europa und Amerika: Das Ende einer Ära, Weinheim/Basel 1984, S. 32.
76 ebd., S. 34, vgl. auch Karl Kaiser/Winston Lord/Th. de Montbrial/David Watt, Die Sicherheit des Westens, Forschungsinstitut der Gesellschaft für Auswärtige Politik e.V., Bonn 1981.
77 Pierre Krebs, Die europäische Wiedergeburt, a. a. O., S. 76.
78 ebd.
79 Alain de Benoist, a. a. O., S. 81.
80 John Lukacz, Ein Licht aus dem Osten, in: criticón 62/1980, S. 249.
81 Alain de Benoist, a. a. O., S. 77.
82 Pierre Krebs, Die europäische Wiedergeburt, a. a. O., S. 76.
83 So von Pierre Krebs, aber auch von dem »Ostexperten« Wolfgang Strauss, »›Dostojewski lebt‹ ist ein neo-slawophiles Schlüsselwort«, in: criticón 44/1977, S. 281.
84 Friedrich Karkow, Die Neue Rechte in Rußland, in: criticón 56/1976, S. 270.
85 Vorwort von Arthur Moeller van den Bruck, in: F. M. Dostojewski, Radeon Raskolnikoff, Schuld und Sühne, Bd. I, München 1920.
86 Sir Oswald Mosley, Zur ›Nation Europa‹, in: Nation Europa 2/69, S. 5.
87 Pierre de Pringet, a. a. O., S. 187.
88 Arthur Moeller van den Bruck, Das Recht der jungen Völker, München 1919.
89 Sir Oswald Mosley, a. a. O., S. 3
90 Nationalrevolutionärer Koordinierungsausschuß, Nationalrevolutionäre Plattform, vermutlich Düsseldorf 1981, möglicherweise schon 1980.
91 Peter Binding, a. a. O., S. 36.
92 Alain de Benoist, a. a. O., S. 14.

93 Nationalrevolutionärer Koordinierungsausschuß, a. a. O., S. 4.
94 Ebd.
95 Pierre Krebs, Die Europäische Wiedergeburt, a. a. O., S. 48.
96 Nationalrevolutionärer Koordinierungsausschuß, a. a. O., S. 5.
97 Pierre Krebs, Die europäische Wiedergeburt, a. a. O., S. 44/45.
98 Ebd., S. 51.
99 Ebd., S. 48.
100 Peter Kleist, Wenn Europa einig wäre . . ., in: Nation Europa 2/69, S. 42.
101 John Lukacz, a. a. O., S. 249.
102 Salvador de Madariaga, Wo ist Europa?, in: Nation Europa 4/71, S. 3.
103 Alain de Benoist, a. a. O., S. 80/81.
104 G. Bartsch, Revolution von rechts?, a. a. O., S. 83.
105 Ebd., S. 81.
106 Wolfgang Strauss, a. a. O., S. 284.
107 Friedrich Karkow, a. a. O., S. 270.
108 G. Bartsch, Revolution von rechts?, a. a. O., S. 81.
109 Ebd., S. 82.
110 Vgl.: Hartwig Singer (= Henning Eichberg), Samisdat, in: Nation Europa 5/71, S. 50.
111 Pierre Krebs, Die europäische Wiedergeburt, a. a. O., S. 83.
112 Frankfurter Rundschau vom 22. 9. 83.
114 Gerd Waldmann, Sechs Thesen zum modernen Nationalismus, in: Nation Europa 6/68, S. 11.
115 Pierre Krebs, Die europäische Wiedergeburt, a. a. O., S. 15.
116 Gerd Waldmann, Sechs Thesen . . ., a. a. O., S. 11.
117 Sven Holmberg, Regionalismus und das werdende Europa, in: Nation Europa 2/78, S. 7.
118 Hartmut Nöck, NATIONALISMUS, in: Nation Europa 6/68, S. 26.
119 Peter Binding, a. a. O., S. 46.
120 Hartwig Singer (= Henning Eichberg), Auf dem Weg zum Europa der Stämme?, in: Nation Europa 6/68, S. 35.
121 Heinrich L. Sanden, Dritte Macht Europa, Entwurf eines Programms, in: Nation Europa 2/69, S. 10/11.
122 Jean Mabire, Interview, a. a. O., S. 16.
123 Pierre Krebs, Gedanken zu einer kulturellen Wiedergeburt, a. a. O., S. 27.
124 Pierre Krebs, Die europäische Wiedergeburt, a. a. O., S. 60/61.
125 S. Marieluise Christadler, a. a. O., S. 211–215.
126 Maurice Bardéche, Wofür wir kämpfen, in: Nation Europa 2/69, S. 27.
127 Jean Mabire, Interview, a. a. O., S. 17.
128 Nationalrevolutionärer Koordinierungsausschuß, a. a. O., S. 4.
129 Alain de Benoist, a. a. O., S. 17.
130 Nationalrevolutionärer Koordinierungsausschuß, a. a. O., S. 4.
131 Vgl. H. Ch. Pilster. Westliche Sicherheitsprobleme in den achtziger Jahren, in: Europäische Wehrkunde 11/80, München, S. 547.
132 Ebd., S. 548.
133 Alain de Benoist, a. a. O., S. 16.
134 Ernst Niekisch, Die Politik des deutschen Widerstandes, Berlin 1930, in: K. O. Paetel, Versuchung oder Chance?, Berlin 1965, S. 282–285.
135 Alain de Benoist, a. a. O., S. 78.
136 Peter Binding, a. a. O., S. 52.
137 H. L. Sanden, Dritte Macht Europa, a. a. O., 16.

138 Oskar Splett, Die preußische Konstellation in der Dritten Welt, in: criticón 29/75, S. 110.
139 Harry Gädkens, Die schwarze Mentalität ist anders, in: Nation Europa 10/71, S. 55.
140 Abgedruckt in: Nation Europa 6/71, S. 7 ff.
141 G. Bartsch, Revolution von rechts?, a. a. O., S. 56.
142 Fritz Joß, Zur Lage der Nationalen in Westeuropa, in: Nation Europa 12/71, S. 59.
143 Nationalrevolutionärer Koordinierungsausschuß, a. a. O., S. 5.
144 G. Bartsch, Revolution von rechts?, a. a. O., S. 42.
145 Gottfried W. Andergast, Vom Menschenbild der Verhaltensforschung, in: Nation Europa 5/73, S. 43.
146 Jacques de Mathieu, Der Mensch, das soziale Wesen, in: Pierre Krebs, Das unvergängliche Erbe, a. a. O., S. 233.
147 G. Bartsch, Revolution von rechts?, a. a. O., S. 44.
148 Jacques de Mathieu, a. a. O., S. 236.
149 Gerd Waldmann, Verhaltensforschung und Neuer Nationalismus, in: Nation Europa 6/71, S. 31.
150 Rudolf Künast, Empirische Wissenschaften zur Gleichheitslehre, in: Pierre Krebs, Das unvergängliche Erbe, a. a. O., S. 297/298.
151 Rolf Kosiek, Nation und Wissenschaft, in: Nation Europa 9/72, S. 39.
152 Ebd., S. 39/40.
153 Hartmut Sachs, Technokraten zerstören Europa, in: Nation Europa 2/78, S. 18.
154 Nationalrevolutionärer Koordinierungsausschuß, Teil III, Ökologische Revolution, a. a. O., S. 8.
155 Pierre Krebs, Die europäische Wiedergeburt, a. a. O., S. 23.
156 Gottfried W. Andergast, a. a. O., S. 45.
157 Rudolf Künast, a. a. O., S. 299.
158 Wolf Dieter Burwitz, Staat und Menschenbild, in: Nation Europa 2/71, S. 30.
159 Jacques de Mathieu, a. a. O., S. 224.
160 Rolf Kosiek, a. a. O., S. 38.
161 R. Opitz, a. a. O., S. 292 ff.
162 Otto Strasser, Der Aufbau des deutschen Sozialismus, Leipzig 1932, S. 19–23.
163 Ebd., S. 36.
164 Guillaume Faye, Von der Konsumgesellschaft zur organischen Wirtschaft, in: Pierre Krebs, Das unvergängliche Erbe, a. a. O., S. 261.
165 Nationalrevolutionärer Koordinierungsausschuß, a. a. O., S. 7.
166 Guillaume Faye, a. a. O., S. 262.
167 Ebd., S. 266.
168 Nationalrevolutionärer Koordinierungsausschuß, a. a. O., S. 7.
169 Guillaume Faye, a. a. O., S. 271.
170 Nationalrevolutionärer Koordinierungsausschuß, a. a. O., S. 8.
171 G. Bartsch, Revolution von rechts?, a. a. O., S. 64.
172 Ebd., S. 54.
173 R. Opitz, a. a. O., S. 377, Zitate aus dem Programm der Zeitschrift »wir selbst«.
174 Alain de Benoist, a. a. O., S. 53.
175 Giorgio Locchi, Über den Sinn der Geschichte, in: Pierre Krebs, Das unvergängliche Erbe, a. a. O., S. 201.
176 Ebd., S. 202.
177 Ebd., S. 203.
178 Pierre Krebs, Die europäische Wiedergeburt, a. a. O., S. 20.
179 Giorgio Locchi, a. a. O., S. 214.

180 Ebd., S. 220.

181 Pierre Krebs, Die europäische Wiedergeburt, a. a. O., S. 70.

182 Ebd., S. 71.

183 Giorgio Locchi, a. a. O., S. 221.

184 Nähere Ausführungen zu den unterschiedlichen Strömungen in und im Umfeld der NSDAP finden sich u. a. bei R. Opitz, a. a. O., Kap. III, oder Joachim Petzold, Wegbereiter des deutschen Faschismus. Die Jungkonservativen in der Weimarer Republik, Köln 1978.

185 Zum sogenannten »Röhm-Putsch« und seinen Hintergründen vgl. Kurt Gossweiler, Die Röhm-Affäre, Köln 1983.

186 Vgl. u. a. Otto Strasser, Der Aufbau des deutschen Sozialismus, Leipzig 1932, und Ernst Niekisch, Hitler – Ein deutsches Verhängnis, Berlin 1932.

187 Vgl. dazu das Vorwort von Max Hildebert Böhm, Der Ruf der Jungen, 3. Aufl., Freiburg 1933, wo dieser ausdrücklich Arthur Moeller van den Brucks Vorarbeit für die Errichtung des »Dritten Reiches« würdigt.

188 Hartwig Singer (= Henning Eichberg), Nationalismus ist Fortschritt, in: Nation Europa 1/67, S. 49.

189 Sir Oswald Mosley, a. a. O., S. 4.

190 H. Singer, Nationalismus ist Fortschritt, a. a. O., S. 49.

191 Hans Ulrich Pieper, Wie sozialistisch waren die Nationalsozialisten wirklich?, in: criticón 56/1979, S. 280.

192 H. Eichberg, Nationalismus und Leistungsgesellschaft, a. a. O., S. 131.

193 Vgl. F. J. Irsinger, Propaganda und Wirklichkeit der Rassenmischung, in: Nation Europa 8/71, S. 54.

194 Vgl. hierzu u. a. R. Opitz, a. a. O., S. 216.

195 Vgl. Otto Strasser, Mein Kampf, Frankfurt/Main 1969, mit einem Vorwort von Gerhard Zwerenz (!).

196 G. Bartsch, Revolution von rechts?, a. a. O., S. 216.

197 ebd., S. 130.

198 Uwe Michael (= Michael Meinrad), Skizze des Radikalnationalismus, in: Nation Europa 6/68, S. 13.

199 Zu diesem Pseudonym »Daniel Freymann« und dessen hier zitiertem Buch »Wenn ich der Kaiser wär«, vgl. R. Opitz, a. a. O., S. 35.

200 Uwe Michael, a. a. O., S. 16.

201 Ebd., S. 14.

202 Gerd Waldmann, Von der Linken lernen?, in: Nation Europa 8/69, S. 24.

203 Thorsten Sievers (= Henning Eichberg), Neuer Nationalismus in der Jugend, in: Nation Europa 6/68, S. 9.

204 Hartwig Singer (= Henning Eichberg), Die Jugend an der Macht?, in: Nation Europa 1/70, S. 27.

205 Arthur Moeller van den Bruck, Das Recht der jungen Völker, München 1919, S. 18 ff.

206 Hartwig Singer, Die Jugend . . ., a. a. O., S. 31.

207 »Neue Zeit« 5/82, zitiert nach Arno Klönne, »Linke Leute von rechts« und »rechte Leute von links« damals und heute, in: Blätter für deutsche und internationale Politik 1/83, Köln, S. 121.

208 G. Bartsch, Revolution von rechts?, a. a. O., S. 132.

209 Hartwig Singer (= Henning Eichberg), Basis für eine neue Politik, in: Nation Europa 6/71, S. 36.

210 Vgl. G. Bartschs »Notizen« in: criticón 25/1974, S. 220, und criticón 26/1974, S. 272.

211 Ebd.

212 Alle Zitate aus: Solidaristische Volksbewegung, (SVB) Solidaristisches Manifest, in: Jan Peters, Nationaler Sozialismus von rechts, a. a. O., S. 236–239.

213 G. Bartsch in criticón 33/1976, S. 33.

214 G. Bartsch in criticón 25/1974, S. 220.

215 G. Bartsch, Nationalrevolutionäre heute, in: criticón 81/1984, S. 32.

216 Alle Zitate aus: Sache des Volkes/Nationalrevolutionäre Aufbauorganisation (SdV/NRAO), Unser Programm für Deutschland, in: Jan Peters, Nationaler Sozialismus . . . a. a. O., S. 254.

217 G. Bartsch, Nationalrevolutionäre heute, a. a. O., S. 32.

218 Ebd., S. 33.

219 Alle Zitate aus: Nationalrevolutionärer Koordinierungsausschuß, a. a. O.

220 Vgl. G. Bartsch in criticón 33/1976, S. 32.

221 Vgl. das Impressum der »Deutschen Stimme«, Waiblingen bei Stuttgart.

222 Michael Meinrad, Nationalrevolutionäre Aktion?, in: Nation Europa 1/1970, S. 24.

223 G. Bartsch, Revolution von rechts?, a. a. O., S. 137.

224 G. Bartsch in criticón 33/1976, S. 32.

225 Thesenpapiere der Jungen Nationaldemokraten:

- 24 Thesen zum Nationalismus, beschlossen vom 5. ordentlichen JN-Bundeskongreß 1976 in Mannheim.
- 20 Thesen für ein nationalistisches Europa, beschlossen vom 6. ordentlichen JN-Bundeskongreß 1977 in Osnabrück.
- 20 Thesen zum Sozialismus, beschlossen vom 8. ordentlichen JN-Bundeskongreß 1979 in Weinheim.
- 12 Thesen zur Ökologie (»Ökologisches Manifest), ohne Orts- und Zeitangabe.

226 Europa-Konzeption der NPD, abgedruckt in: Nation Europa 2/78, S. 14–16.

227 Martin Mußgnug, Deutschlands Wiedergeburt, (»Germersheimer Rede«), gehalten und abgestimmt auf dem 16. ordentlichen Parteitag der NPD am 26./27. Juni 1982 in Germersheim.

228 »Die NPD informiert«, Flugblatt der NPD, 1983.

229 Vgl. Heinz P. Siebold, Michael Kühnen: Ich organisiere die europäische SA, in einem Sonderdruck der DVZ/die tat, im Januar 1985, S. 17.

230 Vgl. die Ausführungen von R. Opitz, a. a. O., S. 282–318.

231 So z. B. – Jean Mabire, Berlin im Todeskampf, Preußisch-Oldendorf 1977.

- Saint-Loupe, Legion der Aufrechten, Leoni am Starnberger See 1977.
- Pierre de Pringet, Die französische Kollaboration, Tübingen 1981 u. v. a.

232 Vgl. das Verlagsprogramm des Grabert-Verlags, Tübingen 1984, in dem auch die älteren Publikationen auf der Linie der NS-Rehabilitierung neben den neurechten »Thule«-Veröffentlichungen angeboten werden.

233 Der ehemalige Privatsekretär Ernst Jüngers, heute Geschäftsführer der Carl-Friedrich von Siemens-Stiftung, ist Mitglied des Patronatkomitees der GRECE und des »Thule-Seminars».

234 G. Bartsch in criticón 8/71, S. 222 und criticón 33/1976, S. 32.

235 Vgl. Dr. Gustav Jonak, Der Weg der NATION EUROPA, Rede auf der Jahreshauptversammlung der »NATION-EUROPA-Freunde e.V.«, 1975, in: Nation Europa 1/76, S. 61 ff.

236 S. R. Opitz, a. a. O., S. 307.

237 Zitiert nach Heinz B. Siebold, a. a. O., S. 17.

238 Vgl. ebd.

239 A. de Benoist, Kulturrevolution von rechts, Krefeld 1985, S. 35.

240 Ebd., S. 30/31.
241 Ebd., S. 26.
242 ebd., S. 34.
243 A. Mohler im Vorwort zu A. de Benoist, Kulturrevolution . . ., a. a. O., S. 11.
244 Vgl. auch NHB-Report 1/85, S. 24, Interview mit Bernhard Willms.
245 Nationalrevolutionärer Koordinierungsausschuß, NR-Kontrovers: Für die Nation: Kampf gegen rechts. Mai 1985, S. 3.
246 Aufbruch 4/84, S. 2.
247 H. Meyer, Kathederfaschisten, in: Rote Blätter 5/85.
248 FAZ vom 18. 06. 85, S. 3.
249 ppp im April 1984.
250 Das Projekt »Die Neue Rechte in Europa-Fallstudien zur Bundesrepublik, Frankreich und Großbritannien« der DFG läuft seit März 1983 für drei Jahre. Zum 4./5. Oktober 1984 lud der Leiter des Projekts, Prof. Franz Gress, zu einem Rundgespräch im Rahmen des Projekts ein, u. a. Alain de Benoist, H. Eichberg, Armin Mohler.
251 Deutscher Bundestag, 10. Wahlperiode, 122. Sitzung, Bonn, den 27. Februar 1985.
252 Ebd.
253 M. Stürmer, Wem gehört die Deutsche Geschichte? in: Berglar, Filbinger, Deutsche Identität heute, Stuttgart 1983, S. 64.
254 FAZ vom 18. 6. 85, S. 3.
255 Zitat nach H. Meyer, Diakritische Anzeichen, unveröff. Manuskript.
256 H. Meyer, Kathederfaschisten, a. a. O.
257 Zit. nach H. Meyer, Diakritische Anzeichen, a. a. O.
258 FAZ vom 2. 7. 85, S. 4.
259 FAZ vom 3. 07. 85, S. 4.
260 entfällt.
261 G. Rohrmoser, Identität der Deutschen – heute, in: Berglar, Filbinger u. a., a. a. O., S. 12.
262 Sozialistische Studiengruppen, Sozialismus 11/84 S. 31.
263 Vgl. W. Malanowski, Wir müssen die Wunde offenhalten, in: Der Spiegel 23/85, S. 63.
264 Es handelt sich hier um: Andreas Biss, Wie hielten die Vernichtung an, Seewald-Verlag 1966, neu aufgelegt von März 1985.
265 Zit. nach Konkret 8/85, S. 64.
266 A. Mölzer, Der Kampf um die deutsche Identität, Western Goals Europe, Argumente 4/85, S. 14.

Literaturverzeichnis

Andergast, Gottfried W., Vom Menschenbild der Verhaltensforschung, in: Nation Europa 5/73.

Albrecht, U./Deppe, F./Judik, G./Jung, H., Beiträge zu einer Geschichte der Bundesrepublik Deutschland, Köln 1979.

Ardrey, Robert, Adam und sein Revier, Wien/Zürich/München 1978.

Autorenkollektiv, Politische und ökonomische Tendenzen der westeuropäischen Integration, in: IPW-Berichte 4/83.

Autorenkollektiv, Grunddaten zur wirtschaftlichen Entwicklung in den Imperialistischen Hauptländern, in: IPW-Berichte 8/83.

Baier, Lothar, Französische Zustände, Frankfurt/Main 1982.

Bardéche, Maurice, Wofür wir kämpfen, in: Nation Europa 2/69.

Bartsch, Günther, Nationalrevolutionäre heute, in: criticón 81/1984.

ders., »Notizen« in: criticón 8/71
criticón 9/72
criticón 11/72
criticón 25/74
criticón 26/74
criticón 33/76.

ders., Das okzidentale Syndrom in der Konzeption Henning Eichbergs, in: criticón 25/1974.

ders., Revolution von rechts? – Ideologie und Organisation der Neuen Rechten – Freiburg 1975.

Benoist, Alain de, Heide-sein zu einem neuen Anfang, Tübingen o. J.

ders., Die entscheidenden Jahre – Zur Erkennung des Hauptfeindes – Tübingen 1982.

ders., Kulturrevolution von rechts, mit einer Vorwort von Armin Mohler, Krefeld 1985.

Benz, Wolfgang (Hrsg.), Rechtsradikalismus, Randerscheinung oder Renaissance? Frankfurt/Main 1980.

Behrend, Manfred. Neue Erscheinungen im organisierten Neofaschismus in Westeuropa, in: IPW-Berichte 3/82.

Berglar, Filbinger u. a., Deutsche Identität – heute, Studienzentrum Weikersheim, Stuttgart 1983.

Billig, Michael, Die rassistische Internationale, Frankfurt/Main 1981.

Boehm, Max H., Ruf der Jungen, Leipzig 1920/1. Aufl., Freiburg 1933/3. Aufl.

Burwitz, Wolf-Dieter, Staat und Menschenbild, in: Nation Europa 2/71.

Delitz, P./Höhme, H.-J. u. a., Perspektiven der Wirtschaftsentwicklung imperialistischer Länder, in: IPW-Berichte 1/83.

Deppe, Frank, Ende oder Zukunft der Arbeiterbewegung, Köln 1984.

Deutscher Bundestag, Drucksachen – Anlagen zu den stenographischen Berichten, Bonn.

Dostojewski, F. M., Radeon Raskolnikoff, Schuld und Sühne, Bd. 1, München 1920.

Eibl-Eibelsfeld, Irenäus, Der vorprogrammierte Mensch, München 1976.

Eichberg, Henning, Nationalismus und Leistungsgesellschaft, in: criticón 6/1971.

ders., Raum und Zeit als historisch-kulturelle Variablen, in: Junges Forum 3/74.

ders., (unter dem Pseudonym Hartwig Singer) Auf dem Weg zum Europa der Stämme, in: Nation Europa 6/68.

ders., (H. Singer) Basis für eine neue Politik, in: Nation Europa 6/71.

ders., (H. Singer) Die Jugend an die Macht, in: Nation Europa 1/70.

ders., (H. Singer) Europäischer Nationalismus ist Fortschritt, in: Junge Kritik 3/73.

ders., (H. Singer) Nationale Identität, München/Wien 1978.
ders., (H. Singer) Nationalismus ist Fortschritt, in: Nation Europa 1/67.
ders., (H. Singer) Samisdat, in: Nation Europa 5/71.
ders., (unter dem Pseudonym Thorsten Sievers) Neuer Nationalismus der Jugend, in: Nation Europa 6/68.
Elm, Ludwig, Aufbruch ins Vierte Reich? Berlin (DDR), 1981.
ders., Konservative Wende in der Bundesrepublik?, in: Blätter für deutsche und internationale Politik 10/82.
Fetscher, Iring, Neokonservative und »Neue Rechte«, München 1983.
Henning, Eike/Saage, Richard, Konservatismus. Eine Gefahr für die Freiheit? München 1983.
Gädkens, Harry, Die schwarze Mentalität ist anders, in: Nation Europa 10/71.
Gossweiler, Kurt, Die Röhm-Affäre, Köln 1983.
Görtemaker, Manfred, Bündnis mit Zukunft, in: Der Monat, Neue Folge 290, Europa und Amerika: Das Ende einer Ära, Weinheim/Basel 1984.
Hantelmann, K.-D., Die Lage der BRD-Wirtschaft, 1982/Anfang 83, in: IPW-Berichte 3/83.
Herb, Hartmut, Neonazismus in der Bundesrepublik und staatliche Reaktionen, in: JW-Dienst, Exklusivbericht Rechtsradikale, Nr. 211 vom 10. 10. 80, Wiesbaden.
Hess, Gerhard, Was bleibt vom CDU-Frühling?, in: Deutsche Volkszeitung/die tat, 23. 12. 83, Frankfurt/Main.
Hirsch, Kurt, Die heimatlose Rechte, München 1979.
Höffken, W./Sattler, M., Rechtsextremismus in der Bundesrepublik, Opladen 1980.
Holmberg, Sven, Regionalismus und das werdende Europa, in: Nation Europa 6/68.
Holzkamp-Osterkamp, Ute, Grundlagen der psychologischen Motivationsforschung 1, Frankfurt 1975.
Irsinger, F. J., Propaganda und Wirklichkeit der Rassenmischung, in: Nation Europa 8/71.
Jonak, Gustav, Der Weg der NATION EUROPA, in: Nation Europa 1/76.
Joß, Fritz, Nation-Volk-Stamm, in: Nation Europa 6/71.
ders., Regionalismus und Autonomismus in Frankreich, in: Nation Europa 4/71.
ders., Zur Lage der Nationalen in Westeuropa, in: Nation Europa 12/71.
Kaiser, K./Lord, W./Montbrial, Th. de/Watt, D., Die Sicherheit des Westens, Bonn 1981.
Karkow, Friedrich, Die Neue Rechte in Rußland, in: criticón 56/1976.
Kleist, Peter, Wenn Europa einig wäre . . ., in: National Europa 2/69.
Klönne, Arno, »Linke Leute von rechts« und »rechte Leute von links« damals und heute, in: Blätter für deutsche und internationale Politik 1/83, Köln.
Kosiek, Rolf, Nation und Wissenschaft, in: Nation Europa 9/72.
Krebs, Pierre (Hrsg.), Das unvergängliche Erbe. Alternativen zum Prinzip der Gleichheit, Tübingen 1981.
ders., Die europäische Wiedergeburt, Tübingen 1982.
Kühnl, Reinhard, Die Welt zu Beginn der achtziger Jahre, Teil I, in: Blätter für deutsche und internationale Politik 1/81, Teil II, in: Blätter . . . 2/82.
Lorenz, Konrad, Die acht Todsünden der zivilisierten Menschheit, München 1983.
ders., Die Rückseite des Spiegels, München 1973.
Lukacz, John, Ein Licht aus dem Osten, in: criticón 62/1980.
Mabire, Jean, Berlin im Todeskampf, Preußisch-Oldendorf 1977.
ders., Frankreich, die Regionen und Europa, Interview mit Jean Mabire, in: Nation Europa 1/76.
Madariaga, Salvador de, Wo ist Europa?, in: Nation Europa 4/71.

Maier, Lutz, Wirtschaftsstrategische Probleme des Kapitalismus der achtziger Jahre, in: IPW-Berichte 6/82.
Meinrad, Michael, Nationalrevolutionäre Aktion?, in: Nation Europa 1/70.
ders., (unter dem Pseudonym Uwe Michael) Skizze des Radikal-Nationalismus, in: Nation Europa 6/68.
Meyer, Alwin/Rabe, Karl-Klaus, Unsere Stunde, die wird kommen, – Rechtsextremismus unter Jugendlichen –, Bornheim-Merten 1979.
Meyer, Hartmut, Diakritische Anzeichen, unveröffentlichtes Manuskript.
ders., Kathederfaschisten?, in: Rote Blätter 5/85.
ders., Die »Neue Rechte«, Broschüre des Landesverbandes Nordrhein-Westfalen der VVN, Düsseldorf 1984.
Mez, S./Wolter, Die Qual der Wahl, Berlin 1980.
Moeller van den Bruck, Arthur, Das Recht der jungen Völker, München 1919.
Mohler, Armin, Deutsche Außenpolitik, in: criticón 68/1981.
ders., Die konservative Revolution in Deutschland 1918–1932, Darmstadt 1972.
ders., Tendenzwende für Fortgeschrittene, München 1978.
ders., Wir feinen Konservativen. Was lehrt uns die französische »Neue Rechte«, in: criticón 54/1979.
ders., Von rechts gesehen, Stuttgart 1974.
ders., Was die Deutschen fürchten, – Angst vor der Politik. Angst vor der Geschichte. Angst vor der Macht., Stuttgart 1966.
Mosley, Oswald, Zur »Nation Europa«, in: Nation Europa 2/69.
Junge Nationaldemokraten, Thesenpapiere 1976–79.
Nationaldemokratische Partei Deutschlands, »Die NPD informiert«, Flugblatt 1983.
Nationalrevolutionärer Koordinierungsausschuß, NR-Kontrovers: Für die Nation: Kampf gegen rechts. Mai 1985.
Nationalrevolutionärer Koordinierungsausschuß, Nationalrevolutionäre Plattform, vermutlich 1981, Düsseldorf, evtl. auch schon 1980.
Naumann, Klaus, Vom Lohnverzicht bis zum Verzicht auf Überleben, in: Blätter für deutsche und internationale Politik 6/1983.
Niekisch, Ernst, Gedanken über deutsche Politik, Dresden 1929.
ders., Die Politik des deutschen Widerstandes, Berlin 1930, in: K. O. Paetel, Versuchung oder Chance, Göttingen 1965, als Dokument.
ders., Hitler – Ein deutsches Verhängnis, Berlin 1932.
Nöck, Hartmut, NATIONALISMUS, in: Nation Europa 6/68.
Opitz, Reinhard, Faschismus und Neofaschismus, Frankfurt/Main 1984.
Peters, Jan, Alternativen zum Atomstaat, Berlin 1979.
ders., Nationaler »Sozialismus« von rechts, Berlin 1980.
Petzold, Joachim, Wegbereiter des deutschen Faschismus – Die Jungkonservativen in der Weimarer Republik, Köln 1978.
Pieper, Hans-Ulrich, Wie sozialistisch waren die Nationalsozialisten wirklich? in: criticón 56/1978.
Pilster, H. Ch., Westliche Sicherheitsprobleme in den 80er Jahren, in: Europäische Wehrkunde 11/80, München.
Pringet, Pierre de, Die Kollaboration. Untersuchung eines Fehlschlags. Tübingen 1981.
Sachs, Hartmut, Technokraten zerstören Europa, in: Nation Europa 2/78.
Saint-Loupe, Legion der Aufrechten, Leoni am Starnberger See 1977.
Sanden, Heinrich L., Dritte Macht Europa, in: Nation Europa 2/69.
ders., Volksselbstmord?, in: Nation Europa 6/71.
Sander, Hans-Dietrich, Der nationale Imperativ, Krefeld 1980.
Schwarz, S., Zwischenimperialistische Beziehungen im Spannungsfeld von Gegensätzen und Gemeinsamkeiten, in: IPW-Berichte 12/82.

Siebold, Heinz B., Michael Kühnen: Ich organisiere die europäische SA, in: Sonderdruck der Deutschen Volkszeitung/die tat, Januar 1985.
Spengler, Oswald, Jahre der Entscheidung, München 1980, 1. Aufl. 1933.
ders., Der Untergang des Abendlandes, 2 Bände, Bd. 1 »Gestalt und Wirklichkeit« München 1918.
Bd. 2 »Welthistorische Perspektiven« München 1924.
Splett, Oskar, Die preußische Konstellation in der Dritten Welt, in: criticón 29/1975.
Steil, Armin, Die imaginäre Revolte, Marburg 1984.
Stöss, Richard, Vom Nationalismus zum Umweltschutz, Opladen 1979.
Strasser, Otto, Der Aufbau des Deutschen Sozialismus, Leipzig 1932.
ders., Mein Kampf, Frankfurt/Main 1969.
Strauss, Wolfgang, Die Neo-Slawophilen, in: criticón 44/1977.
Tammer, Hans, Die Profite der BRD-Industriekonzerne im Jahre 1980, in: IPW-Berichte 2/82.
United Nations (Hrsg.), Yearbook of World Energy Statistics, New York 1979.
Waldmann, Gerd, Sechs Thesen zum modernen Nationalismus, in: Nation Europa 6/68.
ders., Verhaltensforschung und neuer Nationalismus, in: Nation Europa 6/71.
ders., Verhaltensforschung und Politik, in: Junge Kritik 3/73.
ders., Von der Linken lernen?, in: Nation Europa 8/69.
Willms, Bernhard, Die deutsche Nation. Theorie, Lage, Zukunft. Köln-Lövenich 1982.
ohne Autor, Moderne Rassentheorie stützt Südafrika, in: Nation Europa 10/71.

Zeitungen und Zeitschriften

Aufbruch, Organ des Nationalrevolutionären Koordinierungsausschusses.
Beiträge zum wissenschaftlichen Sozialismus, monatliches Theorieorgan der Sozialistischen Studiengruppen, Hamburg.
Blätter für deutsche und internationale Politik, Köln, Monatszeitschrift.
criticón, Hrsg. Caspar von Schrenck-Notzing, konservative Zweimonatszeitschrift.
Deutsche Volkszeitung/die tat, Wochenzeitung für Demokratie und Frieden, Frankfurt.
Europa-Archiv, Zeitschrift für internationale Politik der Deutschen Gesellschaft für Auswärtige Politik, Bonn.
Europäische Wehrkunde, Zeitschrift für alle Wehrfragen, Organ der Gesellschaft für Wehrkunde, München.
Frankfurter Allgemeine Zeitung, Tageszeitung.
Frankfurter Rundschau, Tageszeitung.
IPW-Berichte, Institut für Internationale Politik und Wirtschaft der DDR, Berlin (DDR).
Konkret, Monatszeitschrift, Hamburg.
Der Monat, Neue Folge, Weinheim/Basel.
Nation Europa, Monatsschrift im Dienst der europäischen Erneuerung, Coburg.
NHB-Report, Organ des »Nationaldemokratischen Hochschulbundes«.
Sozialismus, Zeitschrift der Sozialistischen Studiengruppen, Hamburg.
Der Spiegel, Nachrichtenmagazin.
Verfassungsschutzberichte, Der Bundesminister des Innern, betrifft: Verfassungsschutz, jährlich, Bonn.
Western Goals Europe, Argumente, hrsg. vom American Strategy Research Institute.

Matthias von Hellfeld/Arno Klönne

Die betrogene Generation

Jugend in Deutschland unter dem Faschismus. Quellen und Dokumente.
Kleine Bibliothek Band 360, 352 Seiten

Das Buch umfaßt alle wichtigen Bereiche jugendlichen Lebens im Nationalsozialismus. Die Dokumente zeigen, welche Inhalte und Ziele die NS-Erziehung hatte, wohin sie führen sollte und welche Methoden gegen diejenigen angewandt wurden, die sich dagegen wehrten. Die veröffentlichten Quellen sind weitgehend unbekannt.

Eberhard Czichon
Wer verhalf Hitler zur Macht?
Zum Anteil der deutschen Industrie an der Zerstörung der Weimarer Republik
Kleine Bibliothek
Pahl-Rugenstein

Jan Petersen

Unsere Straße

Eine Chronik

Geschrieben im Herzen des faschistischen Deutschlands 1933/34. Roman

Kleine Bibliothek Band 275, 350 Seiten

Jan Petersens Buch erschien erstmals 1936 in Prag. Es ist wohl das einzige Antinazibuch, das in Hitlerdeutschland selbst geschrieben und noch während des Dritten Reiches im Ausland veröffentlicht wurde. Die Handlung beginnt wenige Tage vor dem Machtantritt der Nationalsozialisten und endet Mitte des Jahres 1934. In Romanform schildert das Buch die Ereignisse in einer Berliner Arbeiterstraße. Diese Straße und die Schicksale ihrer Bewohner sind ein Beispiel für das, was sich in allen deutschen Städten vor und nach dem 30. Januar 1933 abspielte.

Ulrike Hörster-Philipps
IM SCHATTEN DES GROSSEN GELDES
Flick-Konzern und Politik
Weimarer Republik, 3. Reich, Bundesrepublik.
Pahl-Rugenstein